練習不焦慮的生活

讓孩子的焦慮特質轉化成韌性與人生的力量

MICHAEL GROSE
麥可・葛羅斯

DR JODI RICHARDSON
裘蒂・李察森 博士——著

ANXIOUS KIDS

How Childr
Can Turn Their Anxiety In
Resilien

目錄

前言

你翻開本書之際，即將會為你家裡那位焦慮的孩子，帶來生命中巨大的轉變。在此就先讓我們用簡短的幾句話概括全書：若能把書中提到的觀點、知識及策略用在與家人的相處上，那麼無論是現在或未來，對於孩子的人生都會有極大的幫助。

通常，焦慮的孩子會覺得與旁人格格不入，甚至懷疑自己是不是有哪裡「壞掉了」。其實這些孩子健全而美好，只是他們並不清楚自己沒有問題。焦慮的孩子也會感到孤立無援，覺得大家都不懂他，也沒有人能了解他的經歷，更不敢奢望有人會拉他一把。如果孩子們能夠了解「焦慮」其實是一種能被理解且可以控制的情況，焦慮的情形就能獲得緩解。希望各位家長讀到這裡，也會跟著鬆一口氣，稍微卸下一點肩上背負已久的重擔。會這麼說，是因為我們知道，**焦慮感通常會在家族間遺傳**，所以你或你的另一半，很可能對於焦慮感其實並不陌生。當家長們看見孩子正飽受折磨，尤其是心理健康方面的困擾，更會徒增焦慮。

我們能理解這種感受，因為我們都切身經歷過。打從兩位筆者有記憶開始，都與焦慮結下不解之緣。我們很清楚，**身為一個焦慮的孩子是什麼感覺：對身旁發生的一切都感到憂心，害怕任何風吹草動，知道有什麼不對勁卻無能為力。**兩位筆者都曾有容易焦慮的父母親

—這些老長輩們從來都沒聽過「焦慮症」，也不知道焦慮是怎麼一回事，更不用說是尋求協助，來幫助他們自己與當時年幼的筆者。

當年我們的父母沒能理解的事情，我們希望透過本書讓你理解。我們希望讀者都能理解孩子的焦慮，幫助他們認識並控制自己的焦慮感，讓焦慮感不再獨佔他們生命的舞台，而是慢慢消退。孩童與青少年的成長時光不該被烏雲般的焦慮感籠罩。

閱讀本書時，你可以試試我們提供的方法，用孩子也能懂的說法與他們分享你閱讀本書的心得。這樣一來，不僅能夠緩解你的焦慮，也會讓你更有自信的幫助焦慮的孩子與青少年。

你可以送給你的孩子一份禮物：幫助他們了解自己，讓他們能將焦慮感當成背景音樂，察覺它，接納它，然後將注意力放回真正重要的事情上——活出多采多姿的人生。[1]

1. 本書中所提及的「孩子」、「你的孩子」或「小孩」等用法，指的是家裡以及學校裡，從學齡前一直到十八歲的孩子們。

第一篇

正視焦慮

身為一個家有焦慮兒的家長，你其實並不孤單。全球有無數的家庭和你遭遇相同的狀況。不過這樣並不會讓你所扮演的艱鉅角色變得輕鬆。真正能夠幫助你的，是加強理解童年焦慮症，以及了解你可以如何幫助孩子控制焦慮症。

孩童焦慮症所帶來的衝擊，不僅孩子自己感受的到，家長與其他手足也能感受的到。而身為一位焦慮兒的家長，自然會感到挫折、沮喪、擔心與不確定。孩子的焦慮感有時會對家中其他成員帶來嚴重的影響：例如孩子上學習慣遲到甚至不肯上學，家長也會因擔心而無法上班或影響工作效率；若這些事情累積成為惱怒或疲憊的情緒，必然造成家庭生活上的混亂。

本書第一篇將幫助你開始深入理解何謂焦慮。你會學到：焦慮症其實是非常普遍的現象、引起焦慮症的眾多原因、焦慮症又是如何被錯認或誤解、為什麼焦慮症難以自癒、你與家人們該如何學著與焦慮共存，以及其他更多深入的細節。

這本書將會陪著你踏上一段旅程，一路扶持你。慢慢的，你會累積出所需的知識，你讀過的每個章節都會讓你感到更有力量一點，協助你用有效且可行的方式來陪伴家裡的焦慮兒，讓孩子們能夠邁向豐富、圓滿的人生。

第 1 章 焦慮蔓延的時代

光明的未來

對今日的焦慮孩子來說，未來其實是非常友善的。一度乾涸、荒蕪且雜草蔓生的心理健康領域，如今已是茂盛、充滿希望的園地，有了同理心、同情心、接納與共感，同時也有更豐富的資源、支持與協助。

家有焦慮兒的爸媽一定會感覺到不知所措，困難重重，但我們希望你能用不同的角度去看待這件事：把這件事情視為對你、你的孩子以及整個家庭來說，一個從天而降的轉機。

焦慮人人皆有。每個人都經歷過。這種情緒可能是在充滿壓力的環境下短暫感受到的經驗，也有可能是根深蒂固、從出生就緊緊跟著我們。每四位成年人中，就有一位曾有過焦慮症，而在這些人當中又有一半的人在十五歲時就開始出現症狀。[1] 如果你恰巧也有焦慮症，那麼很可能你已與焦慮共存許久，只是未曾發現。

若能及早發現孩子有焦慮的跡象或徵兆，對孩子來說是一份禮物。我們無法改變眼前的事實，但最能夠幫助焦慮兒忘卻焦慮、從而成長茁壯的，就是家長及早發現並了解到孩子需要幫助。從你發現孩子需要幫助的這刻起，同理心、支持，專業協助與計劃等資源就能開始對孩子產生正面影響，甚至可更進一步利用療程幫助他們，控制人生中面臨焦慮的狀況。若把焦慮症視為自己和孩子人生路上的絆腳石，則無法踏上光明、幸福且圓滿的人生道路。焦慮症是一種可以治療的心理病況，能夠越早發現越好。

焦慮症，簡單說就是這樣

焦慮，會引發大腦產生「戰或逃」的反應，這個反應可保護我們免於危難，有人更貼切的將它稱為「戰、逃、呆滯或崩潰」反應。[2] 這個反應是情緒的一種，就像其他情緒一樣，都有開始、過程與結束。

只不過，焦慮在某些人的身上，是不會結束的。

這是全世界超過一億名焦慮症患者共有的經驗，在澳洲，兒童焦慮症患者隨時都超過五十萬人。[3] 這些數字顯示，焦慮症其實很普遍，而且病患遍布全球。

對於焦慮兒來說，當威脅、危險或充滿壓力的情況解除後，焦慮並不會隨之結束。他們所經歷的焦慮會破壞他們和家人日常的生活，而且有時是在無預警的情況下就出現了焦慮。焦慮症會剝奪孩子的童年，讓他們無法享受童年的快樂、輕鬆、無憂無慮與盡情玩樂。

焦慮兒的大腦非常努力的保護主人免於傷害。他們的腦部有部分的機制就像是狐獴群裡的哨兵那樣，總是戰戰兢兢的觀察周遭環境，判斷是否有危險。換句話說，對焦慮兒而言，「戰與逃」反應佔據了他們的生活中非常多的時間。

這並非他們所願。無論是孩子或成人，長時間面對「戰與逃」反應後都會感到非常疲累，因為不管威脅是真實存在或幻想出來的，大腦與身體都會做出一樣的反應。高度敏感的大腦會不斷的保護、保護再保護——就算周遭的人都對那個所謂的「威脅」毫無感覺，甚至根本沒有發現威脅的存在。一旦大腦接收到「危險」信號，焦慮感就會像是水龍頭般不斷流洩，接踵而來的種種不良後果，讓家庭關係對於家長與焦慮兒更加辛苦。

家長的工作不是保護孩子，讓他們遠離一切

看見孩子受苦的模樣，無論孩子年齡大小，對於任何家長都是一件沉痛的負擔。這時身為家長的我們要自我提醒：我們的角色並不是保護孩子不受生活中任何的困難折磨，而是要引領他們，讓他們找出自己的方向；家長的角色是在孩子被人生重重擊倒的時候，協助他們重新站起來。若能牢記這件事，除了能夠保持我們自己的理智，更能讓我們成為孩子的依靠。

承接上述的比喻：焦慮就如同生活打出的一記重拳，孩子們是能夠重新站起來的。身為

家長的我們，便是擔任「協助孩子重新站穩」的關鍵角色。孩子能從我們身上學到許多東西，我們不僅能建立孩子的信心、穩固孩子對於家長的信賴，更能在焦慮感增加或來臨前幫助他們。許多事情都可以幫助孩子更有效的控制焦慮，包含：生活方式的選擇、思考的能力、應變能力、價值觀、遊玩休憩、自我照顧、同理心、同情心、感謝的心、人際關係、慈悲心，以及看見人生中更長遠的風景等。

家長的身教與教導，能夠幫助孩子們不再把焦點放在自己的焦慮上。當你越理解焦慮症，知道焦慮從何而來，也了解如何幫助你的孩子控制它，也就能協助孩子成長茁壯。

焦慮症究竟多普遍呢？

全世界有許多家長都面臨著家有焦慮兒的問題。在澳洲，從四歲到十七歲的孩子當中，平均每七人就有一個被診斷出有精神疾病，其中有一半被診斷出焦慮症。平均每班大概有兩個焦慮兒。[4]

焦慮症對於五歲到四十四歲的女性而言，是排行前幾名的疾病負擔。對於男孩與年輕男性來說，排行前幾名的疾病負擔則是自殺與自殘。[5]這些年輕男性雖然成為了統計數據，但是很多男性不理解自己為什麼會有這種感覺跟想法，也不了解自己是受到什麼原因折磨。很多人只是感覺到自己已經支離破碎了，而這種感覺也會連帶整影響整個家庭。

一九八八年間，澳洲進行了第一次兒童與青少年心理健康與幸福感調查，但焦慮症並沒有納入問卷範圍。當時的焦慮症並不像主流的精神疾病（例如憂鬱症和專注力失調及過度活躍症ADHD），並未受到關注。而現今社會對於焦慮症的了解與關注已經相對增加許多了。

第二次，同時也是最近一次的兒童與青少年心理健康與幸福感調查發表於二〇一五年，對於澳洲兒童的心理健康狀況有了更進一步的刻畫，而描繪出來的圖畫並不美麗。

有以下幾種情況的孩子通常會被診斷為患有焦慮症，包括分離焦慮、社交恐懼、廣泛性焦慮症或強迫症等。對於特定事物的恐懼症（例如蜘蛛）、恐慌症以及曠懼症等焦慮症狀卻不在研究範圍內。很多孩子的焦慮症甚至根本就沒有被檢測出來。我們因此合理的認為，其實保守估計，目前的數據仍然低估了焦慮症問題的大小。

兒童焦慮症全球蔓延

聖地牙哥大學的珍・特溫吉（Jean Twenge）博士專門研究青少年心理健康，尤其是世代間青少年心理健康的變化。特溫吉博士與同事收集了一九三八年到二〇〇七年間，超過七萬七千所美國大學與高中生的心理疾病資料，並進行精密的統計。在一九三〇到一九四〇年代之間，平均每一百位學生中就有五十位學生在心理疾病的相關檢測中得分超過平均值。這個數字到今天增加為八十五位，這表示，有心理疾病症狀的學生人數增加了百分之七十。[6]另外，專門針對焦慮症的類似研究，也顯示了一九八〇年代證實患有焦慮症的美國孩童，平均值大過於一九五〇年代患有兒童健康問題的人數。[7]中國與英國地區的資料也證實世代間焦慮症患者數量的成長。[8]

孩子正陷入大焦慮症時代，而身為家長的我們扮演著極為重要的角色。即便數據持續攀升，也不能只憑數據就試圖拼湊出事件的全貌。每一個被量化成數據的孩子，終究還是有血有肉的人，他們是生命猝不及防轉了個大彎的年輕人。

被誤解的焦慮症

焦慮兒所經歷的掙扎，廣度和深度之大，往往被人所誤解甚至無視。家長帶著孩子求助於醫院，卻不知道孩子的身體症狀其實是一種精神疾病。

墨爾本梅鐸兒童研究中心的哈莉葉．西思考克（Harriet Hiscock）教授曾表示，家長往往沒發現孩子們所經歷的正是焦慮症或憂鬱症的症狀。「恐慌症發作被他們誤認為癲癇，而反覆發作的腹痛則被認為是生理上的疾病，但其實這些都是焦慮症的症狀。」

西思考克教授與她的團隊在過去七年間，分析了就診於維多利亞區醫院急診室的〇到十九歲病例，發現因為壓力相關的疾病前來尋求協助的兒童與青少年患者，人數增加了百分之四十六。[9]

焦慮症的一千種面貌

每個孩子經歷焦慮的過程都不太一樣。有些焦慮兒可能生活中大部分的時候都是開心的，只有在某部分的生活受到影響時才會感到痛苦，或者間歇性的發作。其他孩子可能會經歷一種或多種驚恐的念頭，莫名的害怕或惶恐，還有對於幻想或災難性的事件過度擔心，其他生理上的症狀則從肚子痛到暈眩、過度換氣甚至視線模糊等。

早期，在焦慮症還非常容易被忽略的年代，症狀往往會被誤判成行為、注意力、信心、信賴感與生理健康上的小問題。你家的小鬼頭不想去公園跟其他小孩玩嗎？他只是有點害羞吧。學齡前的小寶貝在逛商場時突然崩潰大哭？他只是累了在發脾氣啦。四年級的小學生病得無法起床上學？應該又是哪種食物過敏症狀發作了。青少年沒辦法在課堂上乖乖坐好專心聽講？她只是比較毛毛躁躁吧。

有些孩子會在與人社交，面對人群或置身大型公共場合時感到痛苦，也有孩子與父母分開時就會擔心的想吐。這些孩子也沒辦法集中注意力，因為他們的大腦時常處於「戰或逃」的模式裡。

在兒童成長發展過程中常見的害怕、擔心以及對於壓力的反應，配上行為、人格、個性、環境與家教，結合成一連串的因子，讓身為家長的我們更加難以發覺：原來孩子已經展開了與焦慮的抗戰，且需要一點額外的援手。

如果上述情況有一點符合你孩子，請不要吝於與家庭醫生約診諮詢。有些焦慮症常見的症狀，例如腹瀉，也有可能只是與生理狀況有關的簡單病因。

焦慮症無法自癒

焦慮症沒有檢查出來，代表焦慮症沒有辦法獲得治療，而沒有經過治療的焦慮症狀隨著時間過去非但不會減緩，只會加重。焦慮症在不同孩子的身上發生的方式也不同，最常見的就是擔心。可想而知，人在擔心的時候自然就無法專心。焦慮兒經常將心思放在過去的事件，或是預期未來的事件；他們的注意力往往四散各處，但絕對不在當下。這樣的情況當然也會影響孩子的學習狀況。

一般而言，焦慮兒在閱讀與學科能力上比較吃力。[10]同時我們也不難理解，這些曾經歷過焦慮症的孩子，在成年後有較高的風險會得到憂鬱症與焦慮症相關的疾病。[11]

如果你屬於前面提過的「每四個成人就有一人罹患焦慮相關疾病」的那一個，很有可能焦慮症一直都與你相伴，只是你現在才發現而已；或者你可能已經不記得小時候經歷過這段焦慮的日子。事實證明，焦慮症遠比其他精神疾病好發的時間點還要早，而且很容易就被忽視。[12]

雖然焦慮症不會自己痊癒，但卻是醫界廣泛研究、深入理解且可以治療的疾病。許多焦慮相關疾病的病徵與症狀都非常的幽微，且與兒童成長時期的普遍經歷有很大部分的重疊。這也難怪，兒童時期的焦慮症狀經常會需要幾個月、幾年，甚至幾十年才會被發現。從以下故事中我們可以發現，焦慮症常被忽視或誤診為其他疾病。

小梁的故事

小梁的童年有一段時間是徹底被焦慮症的陰影籠罩。小梁非常喜歡籃球，年紀輕輕技術就非常高超。十六歲時就已經與高級的女子籃球選手並駕齊驅，有些對手甚至年紀是小梁的兩倍。她發現自己的籃球生涯雖然精彩，卻也背負沉重壓力。小梁在自己身上加諸的壓力，比他人給予的壓力都還要多。她常在比賽時出現呼吸困難。空氣彷彿永遠都充滿不了肺部。小梁的雙親帶她去找醫生，但是她的焦慮症狀卻被誤診為氣喘。醫生甚至開了氣喘噴劑來幫助她。

為何焦慮症的診斷如此困難

因為焦慮症沒有明顯的病徵（不像絞痛、手指夾到或感冒），是一種內在的疾病。因為焦慮症這種內在的特質，使得家長很難察覺孩子正在受苦，除非孩子能夠首先發現自己的害怕與擔心（而不是被這些情緒吞沒），才能夠將這些情緒跟家長分享。

「了解自己在想什麼」是非常重要的生活技巧。身為成年人的我們每天都在做這件事，但我們可能不會意識到這件事。我們無時無刻都在反思腦中的想法與知識。每次我們拿起用手機上網搜尋問題的答案時，正是因為我們知道自己「並不知道答案」。

有意識的面對自己的想法

有意識的認知到自己的想法，有個科學上的專有名詞，叫做後設認知（metacognation），常被人形容為「自知之知」。這是身為人類的我們與生俱來的特殊技能，讓我們能夠在我們所學與所知之上想得更多，來反思我們想法中的內容。這個技能，對於焦慮兒更加重要。

「想法」對於人類有著全面的影響力，特別是對於尚未發展後設能力、尚未認知到自己想法內容的孩子而言。

在可愛的三歲小朋友身上能夠普遍看到這個現象，他們常會大發脾氣，這是因為腦內負責控制情緒的部分尚未成熟。此外，他們的大腦也正在展開有趣的變化，事實上，三歲也是某些孩子首先開始顯現後設認知的時候，但直到認知完全成熟，還有很長的一段路要走。[13]

史丹佛大學的約翰．法拉瓦（John H. Flavell）教授是兒童後設認知的專家，在一場實驗中，他請五歲、八歲以及成年的受試者一同思考他們喜歡做什麼、不喜歡做什麼，接著在他們思考時同時說出自己的想法。成年受試者與八歲的受試者都能夠做到這項要求，但只有少數五歲的受試者能夠完成這項任務。[14]

從小學二年級到高中的這段時間，孩子漸漸能夠意識到並說出自己的想法，[15]這個成長過程中的轉變對於焦慮兒來說非常關鍵。要讓焦慮兒覺得安心並且能夠與信賴之人分享想法，最重要的條件就是願意傾聽的雙耳與充滿同理心的回應。通常孩子會求助於母親。孩子可能會有許多煩惱，甚至形容自己的想法是「壞的想法」。對於某些孩子來說，從「有壞的想法」到「覺得自己是個壞人」只是一念之差而已。

察覺自己的想法只是第一步，接下來則是具備「能夠處理複雜想法」的思考能力。本書後面的章節會探討更多的細節，讓你知道如何運用「了解自己的想法」來當成一種控制孩子焦慮症狀的正面工具。

控制想法——真的可以嗎

事情都在自己都掌握之中，這個想法挺讓人安心的對吧？能夠掌握自己的想法和感覺，聽來不錯，但要做得到則不容易，至少不可能持續很長一段時間。大部分的人都以為自己能控制思想——不要去想某件事就好了，畢竟，大腦應該要記得不應該想起哪些事。其實，我們無法控制自己的想法。

史丹佛大學的兒童心理學大師弗拉維爾教授做過另一個研究，想探究孩子究竟從什麼時候開始能夠意識到自己無法完全控制想法。這件事大概會在八歲左右時發生。[16] 大部份十三歲的孩子都能了解，無論自己喜歡與否，想法總是能夠在腦子裡來去自如，有時連自己也無法控制自己到底要想什麼。

為何「不要擔心」沒有用

「不要擔心」是焦慮兒耳邊時常響起的一句話。滿心憂慮的孩子，無時無刻都需要來自爸媽的慰藉。時常需要慰藉這件事本身就是焦慮症的指標。焦慮兒只是需要別人告訴他們：一切都會沒事的。當然，家長一定會想要對自家焦慮的小朋友保證床下沒有怪獸、考試會取得好成績，或者校外露營一定會很順利。但你可能也知道，這套其實一點都沒有用。「不要擔心，你一定會做的很好」這樣子的建議通常都是在要求孩子控制自己的想法，但我們也知道，要做到這件事是不可能的。其實根本沒有人能夠控制。

大腦經常在擔心，但對於孩子而言這其實是很累的事，所以他們才會轉向家長，想要確認自己一切都很好。這會卸下他們心中的那塊大石頭，但效果並不持久。很快的，孩子焦慮的心神又會開始擔心別件事，對於慰藉的需求又會回來了。

焦慮圓舞曲

上述的模式終將成為一個循環。西雅圖大學心理學者克里斯．麥考瑞（Chris MuCurry）將這個循環稱為「焦慮圓舞曲」，並用 ABCD 模型完美解釋了這個循環。這樣的圓舞曲由四個部份構成：催化劑 Activator、行為 Behaviour、結果 Consequences、舞步 Dance。

催化劑

孩子感到困難、害怕的事就是催化劑。你也可以稱這樣的事件為「觸發事件」。對於有分離焦慮症的孩子來說，催化劑可能就是開學第一天在教室外面和家長道別。

行為

孩子表現焦慮的方式就是「行為」。當孩子感到焦慮時，家長就能看見這些跡象，換句話說，也就是孩子心裡的感受外顯在行為上。無法忍受與家長分離的孩子，可能會有下列的「行為」出現：眼淚、拒絕道別、黏人、拉肚子等。

結果

接踵而來的部分就是結果，而這部份跟身為家長的你所想與所感有關。通常家有焦慮兒的家長會感到擔心、沮喪、氣餒、生氣或任何上述情緒混和的感覺。對於家長而言，會有苦惱或罪惡感的想法也十分常見：「這樣的情況無止境」、「好丟臉」、「為什麼別人的小孩都能夠控制情緒，我家的孩子卻不行」或「每天都這樣我真的撐不下去了」。

組合舞步

接著便來到圓舞曲的時候了，這個階段就是家長開始採取一切手段，想移除任何造成孩子焦慮的挑戰。舉例來說，在教室前因分離焦慮而極度沮喪的孩子，圓舞曲的部分可能包含家長到學校來接孩子，用很多的抱抱來安慰他們，接著帶孩子回家來結束這個困境。這樣的一來一往的圓舞曲很快就變成了一個模式。

孩子很快就學到，當他們亟需讓焦慮感停止時，家長可以助他們一臂之力。避開焦慮源雖然能讓孩子減少痛苦，但是當焦慮兒開始慣性逃避，他們也就越難學會如何控制自己的焦慮感，越難繼續往前完成更重要的任務，例如學著與父母道別，或者上學。

每一次逃避的發生，就會促使這樣的模式不斷循環，焦慮也隨之加深。在許多狀況下，這是迫不得已的。

這就是所謂的焦慮圓舞曲。它將短暫的消弭焦慮感，但無法幫助孩子發展更多控制自身焦慮感的技巧。

像是「不要擔心」或「不要去想就好了」這類的安慰，也會成為焦慮圓舞曲的一環。在這一系列的過程中，愛子心切的家長們暫時降低了孩子們的不安（同時也降低家長自身的不安，這也是在當下無可避免的），但同時也加深了一系列完全無用的舞步。

這對心急如焚的家長來說是很常見的處理方式，大約只有一半的成年人知道，「不去想」這件事根本難以達成。[17]要求焦慮的孩子「不要擔心」並沒有用，人類在清醒的時候，腦袋會自動產生一系列連續不斷的想法，這就是所謂的「意識流」。

問題來了，如果「不要去想」是無法達成的，那麼還有什麼其他解決之道呢？

檢視想法，而不是被想法牽著走

想幫助孩子掌握焦慮症，有一種最強效的方法，那就是鼓勵孩子正視自己腦中的挑戰，而非被腦中困難的想法綁住。這個概念首先由史蒂芬・海斯教授（Stephen Hayes）提出，他首創接納與承諾療法（Acceptance and Commitment Therapy）。這是個為人廣泛使用，以實證為依據以治療焦慮症與其他心理疾病的療法。

當焦慮症的孩子任由自己的思緒牽動想法時，他們就像是被強勁的暗流拉進河中一樣。焦慮症的孩子若能辨識、理解到自己腦中出現了侵入性的想法，那就等於是站在河岸上看著河流流過一樣。

若孩子具備了「知道自己在想什麼」的能力，就能讓身為家長的我們知道，孩子們與自己想法的內容處得並不好，我們便能進一步了解他們的需求並給予協助。

幸好「想法」是一種外人看不見的東西。我們都曾有過不堪的想法，有些不理性的想法甚至要解釋給別人聽都顯得尷尬。雖然一閃即逝，但不能否認這些想法可能是偏見、指責、惡意。

身為成年人，我們知道想法並不等同於事實，我們也會在不知不覺中試圖將想法抹滅。當孩子正在焦慮的時候，他們的想法卻彷彿滯留在腦海裡一樣，讓他們多了一個煩惱的原因。「為什麼我會這樣想」、「我不想要這樣想，但我停不下來」、「我到底怎麼了？」、「如果人們知道我這樣想，會怎麼看我這個人呢？」、「如果我告訴爸媽，他們又會怎麼看我？」

焦慮兒會對自己的想法感到羞恥。他們想法中的內容可能會讓他們感到困惑且尷尬，所以他們會拒絕把這些想法說出來。這種情況在他們接近或進入青少年時期時會更加嚴重。奇怪又恐怖的想法讓他們難以向他人傾訴，甚至是他們最信賴的親友們。

不要說說而已，要有行動

因為自己腦中的想法而感到擔心與痛苦，是孩子焦慮拼圖的一部分。所以孩子們需要能夠傾訴的對象。我們會告訴孩子：「我們會陪在你身邊。」但家長光用口說還不夠，必須要用行動證明給他們看。

有一句話是這樣說的：「孩子對於『愛 love』這個字的寫法，是『時間 time』。」這個說法非常的貼切。如果想要與孩子有一段深刻又優質的親子關係，就必須花時間與孩子相處，讓他們覺得與家長分享想法是自在的。

用行動向孩子證明，在平常的時候家長會陪伴在身邊，需要支持的時候家長也一定會陪伴左右。停下手邊的事務，放下手機、工作，與孩子有眼神上的交流，以及實質上的陪伴。

如果我們能為孩子留下他們專屬的時間，就能贏得孩子的信任。若孩子擔心自己在打擾家長，那就會停止向家長求助。對於身為家長的我們，最重要的就是陪伴在孩子身邊的時間。

越快了解情況，就能越快給予幫助

許多原因會導致焦慮症被忽視。通常焦慮兒的日常生活機能並不會受到明顯的影響，他們平常也會感到很開心，但只要你知道門道，就能看出焦慮症的跡象。

能夠早期發現，就能成為治療的關鍵。能夠認知到孩子正在與焦慮症共存是第一步。既然了解到孩子們正在經歷的是一種叫得出名字的疾病，世界上也還有其他孩子正在面臨相同的挑戰，這件事可能會讓家長們稍微鬆一口氣，但其實認知到焦慮症的存在正是邁向尋求專業協助的第一步。讓孩子獲得傾聽、理解與正面的感覺。這是一個絕佳的起點。

焦慮會傳染

大家都對那種「早上出門上學前一刻才突然出現的要求」不陌生吧？小朋友的頭髮都梳好了，牙齒也刷好了，書包準備好，鞋都穿好了；這時就會突然出現「可不可以幫我的作業簽名？」、「我忘記把洗碗機裡的碗拿出來了」、「我忘了在下雨的時候把鞋收進來，現在變得濕濕了」或者「我欠小明錢，他昨天幫我買午餐」。

上課鐘就快要響了。你能夠準時上班或開會的希望正在流失。你的壓力指數正在攀升，焦慮感油然而起，而且大家都感受得到。

壓力與焦慮感是會傳染的。我們「傳染」給孩子，孩子再「傳染」給我們。

焦慮為什麼會傳染？

學者很想知道為什麼焦慮會傳染。加州大學的溫蒂・曼德斯教授（Wendy Mendes）等人設計了一場有趣的實驗，來測量母親所經歷的壓力是否真的會「傳染」給小嬰兒。

參與實驗的媽媽都帶著自己一歲到十四個月大的寶寶，還有一位寶寶熟悉的親友。實驗中媽媽只要一離開寶寶，就會有認識、信賴且能夠放鬆相處的大人陪同。

實驗開始前，每對媽媽和寶寶享受了一段相處的時間，在這段時間裡感到放鬆且舒適。媽媽們先接受一連串與壓力相關的測驗，做為這場實驗的基數，接著媽媽們填寫一份測驗卷，然後實驗開始，媽媽的壓力指數也持續的受到觀測。

每位參與實驗的媽媽都必須要完成同樣的任務，任務包含在兩位評審委員面前做一場五分鐘的演講，演講內容是講述自己的強項與弱項。每次演講結束後，評審委員有五分鐘的時間可以問問題。

試著想像這個畫面：妳剛結束一場關於自身強項與弱項的演講，聽眾是兩個完全不認識的陌生人，現在妳還要回答他們的問題。這些評委身體前傾，不斷的點頭且微笑。這會讓妳感覺良好對吧？這些現象代表正面的回饋。看得出來他們沉浸在妳的演講中，對於妳的回答很滿意，也讓妳一再確認自己的表現真的很好。

這樣的情況只發生在部分媽媽身上，對於其他的媽媽來說情況則不是那麼樂觀。

願意參加這個實驗的家長們其實被分成了三組。其中一組會收到正面的回饋；一組則不會被評審委員問問題，而是單獨回答幾個問題；第三組則會收到負面的回饋。當第三組的媽媽們演講完畢時，評委會給出負面的回應，例如皺眉、搖頭、雙手抱胸或者後傾。

完成演講與問答環節後，每位媽媽都必須再完成一份問卷，然後與寶寶再次相聚。想必大家一定都猜到是哪組媽媽的壓力最大吧！對著陌生人演講本來就是一件壓力超大的事情，更何況是在結尾還受到了皺眉等負面肢體語言。

有趣的是，小嬰兒馬上就會被媽媽的壓力所影響。就算他們沒有直接接受到壓力，他們仍然能夠感受媽媽的焦慮。

孩子們的壓力大小，可以透過心率的改變測量，而孩子的壓力又可反映出媽媽本身所受到的壓力。研究團隊發現，媽媽的壓力會通過臉部表情、姿勢、觸碰、語調、行事模式與氣味傳遞給寶寶。[18] 非常的有趣！

一切都說得通了

還記得在自己又累又焦慮的時候，又要哄大哭的寶寶嗎？身為家長，我們試著在外在表現得很冷靜，但我們的內心可能已經七上八下，哀求著「拜託趕快睡著吧」。當我們越感受到壓力，我們就會越需要寶寶趕快冷靜下來，而寶寶冷靜下來的機會更低。我們的壓力是會傳染的。也難怪寶寶們會如此不停的哭鬧！

當你只靠著一丁點睡眠支撐，還要把一天的每分每秒花在全力教養小朋友的時候，真的是太難了。我們都有對孩子沒耐心的時候，小題大作的時候，甚至對他們大吼大叫的時候。這些時候，我們在做的其實是在對抗自身的焦慮，同時讓孩子感到沮喪。

伊萬里的故事

伊萬里在幼兒園碰到兩個老師，這兩人自身承受了許多壓力，因此一天到晚都在大小聲。並非針對伊萬里一個人，而是對整個教室裡的每個學生都這樣。伊萬里因此開始肚子痛，不想去上學。老師的壓力和焦慮讓伊萬里感到非常難受。當時他才四歲。

他每天都在抱怨肚子痛，家長卻強迫他要上學。他爸媽知道他沒有生病，至少身體沒有。伊萬里的食慾很好，他沒有發燒也沒有嘔吐。直到有一天，伊萬里真的吐了：當全班坐在地上等著老師點名時，他吐在前面的同學身上。他每天都抱怨自己身體不舒服，不想去上學，卻被爸媽當成耳邊風不予理會，而當伊萬里真的生病時，卻沒有人相信他。

孩子與壓力大的老師共處一室，體內的壓力賀爾蒙皮質醇就會升高。[19] 像伊萬里這樣的焦慮兒，會感受到這些環境中的壓力，因為他們能夠輕易的被老師的焦慮感「傳染」。

當家長面臨小朋友上學遲到或自己上班遲到的情況時，焦慮感升高通常是暫時的，這是正常的人類情緒。在這個情況下，壓力源就是時間來不及了，這樣的訊號會被大腦判定為危險。突然間，我們的警覺性會提高，「戰或逃」反應也會隨之出現。當一切狀況排除後，我們終於能夠順利出發，小朋友也知道自己不會遲到，大家都能夠放心，焦慮的狀況也終於過去了。但對焦慮症的患者而言，焦慮症在「事件結束後」並無法消解。

了解焦慮會傳染，是件很重要的事。我們與至愛的家人在同一個屋簷下相處，家是我們感到最安心的地方，而我們也最有可能在這裡放鬆戒心，展現出「超越社會標準」的情感：開心的時候用荒謬的方式慶祝、唱歌、跳舞；無助的時候放聲大哭。在家裡的時候，我們更有可能會將壓力與焦慮釋放，讓壓抑的心喘口氣。家，是我們可以放心的感受及表達情緒的場所。但這樣做的前提是：我們必須要能控制自己的情緒，不要把壓力與焦慮也散播到孩子的身上。而且，我們也必須教導孩子用健康的方式來處理自己的情緒。

裘蒂的故事

裘蒂在外面感到焦慮時，大部分的時間她都有辦法意識到並控制住自己的情緒。一般人不知的是，焦慮症患者通常都身懷這樣的絕技（這也是焦慮症多變面相的其中一種）：依據環境判斷是否要隱藏自己的病情。裘蒂對家人和朋友總是開誠佈公地談論自己的焦慮症，甚至在公開演講時與聽眾分享，但裘蒂知道，在便利商店裡收銀的店員不需要（也不想要）知道自己的病情。

我們在家的時候，可以比較公開的尋求幫助、慰藉與支持。我們可以了解彼此的想法，從而學習到很多東西。我們作為家長，也希望自己的孩子能夠與我們分享情緒「溫度」；我們願意分享自身的情緒，分享自己是如何控制情緒，藉此讓孩子了解無須害怕自己的情緒。

裘蒂的孩子知道媽媽有焦慮症，她經常會在家談論這件事。大部分的時候，焦慮的情緒在生活中只會像雜訊般成為背景音；她已經學會如何將這樣的聲音關小。當然，也有時候，壓力膨脹回「原本」的尺寸，開始慢慢擊潰裘蒂，影響她的情緒、耐性以及和她人的互動。

當她感覺自己快要失控，就會使用「放聲調適法」：在面臨情緒難關時，把自己的思考與做決定的過程說出來，這就像是把我們想法的後台打開給孩子看，讓他們看見我們在揭露自己的想法時，腦內的齒輪是如何的運轉，我們對想法的感覺是如何，我們最後又決定如何處理自己的想法。

「大家都有看到我嗎？我現在正在做一些又深、又慢、又長的深呼吸，因為我現在覺得很沮喪/焦慮。」如果孩子們正在拌嘴，或做事情要三催四請，裘蒂就會像這樣告訴孩子們。當她感到自己的情緒溫度攀升時，也會說類似的話。大部分的時間她會選擇這樣處理。其他時間則可能會告訴孩子們，她只是沒來由的感到焦慮，孩子們便會察覺裘蒂已經不是平常那個快樂、活潑放鬆的媽媽了。她會告訴孩子們，自己沒事，只是在學習接受自己的感受，並不是因為孩子做錯事，一切都會過去的。

即便焦慮症仍相伴左右，裘蒂卻已綻放蛻變。你的孩子也能做得到。

裘蒂的作法，會大大改變家裡每個人的感受與反應——孩子會覺得自己該為家長的不快樂負責。請務必讓孩子知道：不必這樣想（如果真的不是他們的問題的話！）

雙向的影響

另一方面，我們也得知道，孩子的焦慮、擔心與壓力也是會傳染的。身為家長，我們的本能就是要保護、呵護孩子。當他們帶著崩潰的情緒來找我們，或者是身陷焦慮無法自拔時，我們也會很容易產生與他們相同的感受。

孩子向我們尋求協助，與我們交流自己的情緒時，某種程度上會觸動我們的情緒反應。這是一種經過演化的技能，來觸動我們的同情心，我們也就能夠感同身受，也會更有動力要幫助他們。但是，我們也很容易被帶進他們的情緒中，跟著一起焦慮，進而做出讓情況惡化的反應。

相應的情緒反應

有一個很棒的折衷作法。只要表現出「相應」的情緒反應，就可以讓孩子知道我們了解他們的想法。透過與孩子做出相類似的臉部表情、姿勢、語調與肢體語言，可以達到這樣的效果。

你是否曾經覺得煩躁、生氣或怒氣沖沖，卻有人帶著無限的禪意想安慰你？這種情況下，你會覺得這些人根本就不懂你的想法。

可是當我們表現出與他人的情緒相似的反映，雙方就是從同一個情緒的高度出發，然後慢慢地將彼此的情緒逐漸調降。雙方很快就就能冷靜下來。

焦慮症容易傳染，無論是從家長傳染給孩子，或是從孩子傳染給家長都是一樣的容易。身為家長，面對孩子的哭叫、壓力或擔心，會本能地被激發，想要把這些行為盡快的遏止，因為這些行為會導致我們感到不安。

當孩子處於焦慮狀態時，家長可以展現陪伴的意願，接受當下的情緒，不需要解決問題，也不需要逗孩子開心。因為我們每個人都具備忍受不安的能力，只是不常這樣做而已，因為我們希望問題獲得解套，不舒服的感覺趕快消失。現在，當我們開始教導孩子認識、了解並分類自己的感受，在孩子親口說出「我覺得很焦慮」時支持著他們，不可思議的是，這些情緒便會慢慢鬆開束縛。逃避焦慮，正是加重焦慮的原因。當我們的孩子學著停下腳步，轉過身並面對挑戰，他們就會知道這件事並非想像中的這麼可怕。畢竟，就只是焦慮而已。

焦慮有利生存

「逃避」對於任何焦慮相關疾病而言都是問題的核心，因為焦慮會讓你感覺到恐懼：害怕那些令人恐懼的事物，害怕壞事隨時會發生。如果有潛在的危險即將發生，那麼避開這個危險也是一件理所當然的處理方式。

逃避是經過演化後的自我保護機制。[20] 我們的祖先常面對危險，靠著逃避才得以生存。俗話說「適者生存」，如果這句話改成「適者，以及最有警覺心之人生存」或許更為精確。如果無法預先看見迎面而來的危險，那麼身體再怎麼精壯結實都沒有用。那些懂得躲避危險的祖先得以存活並繁衍出下一代，而下一代當中警覺性最高的又會活下來延續族群。

這就是人類躲避危險且存活的過程。有些人的腦部本來就對危險更加敏感，這會導致他們無止盡的追尋安全感，永遠都會有一定程度的激動感與警覺心在他們的腦海深處。

焦慮兒與其他孩子不同，能夠感覺到環境與情境中的危險，因為他們的腦部對於潛在的危險有超敏感的反應。他們有著健全的腦部，辛勤的運轉，保護著他們；而面對同樣的環境時，其他孩子可能卻覺得很刺激，是個有趣的機會。

逃避助長焦慮

不幸的是，逃避會助長焦慮，導致焦慮兒錯失了參與自己喜歡活動的機會。分離焦慮症會讓孩子無法去爺爺奶奶家過夜，也無法參加朋友開的睡衣派對。過夜、睡衣派對，以及與祖父母相處的時光，可以說是對於孩子而言最快樂、值得紀念的人生經歷，這些經歷同時也能夠幫助心理健康成長。正向心理學中有大量的文獻告訴我們，與朋友和家人間的強烈連結對於人類一生的幸福與快樂非常重要。

新時代的正向心理學

長久以來，無數的心理學家希望透過研究讓人不再飽受精神疾病、創傷、悲痛或失落的折磨，幫助人們從痛苦與失落的境地中出走來，到另一個折磨更少的地方，如果能到達一個完全沒有痛苦與失落的境地，那就再好不過了。

我們可以把這個過程放在一條直線上來思考：這條線的中央是數字零，左邊是負數，右邊是正數，而過去心理學家的志業是想把人們從「小於零的負數」移動到接近或等於零的地方，零是最終的目標，在這裡，所有的折磨都被減少，對於人生的滿意度也會提升。

正向心理學改變了這一切。馬丁・塞利格曼（Martin Seligmen）與已故的克里斯多福・彼得森（Christopher Peterson）是這個領域的先驅。二〇〇八年，彼得森博士於《今日心理學》雜誌上發表了一篇文章，解釋了什麼是正向心理學：是用科學的方法研究「是什麼最能讓人生值得過下去」。

這個學科希望能喚起心理研究者與實踐者去關心人的強項與弱項，去注意如何打造生命最美的事，重整生命的損傷；我們在關心如何治療疾病的同時，也要努力讓普通人能夠活出精采的人生。[21]

我們先回到剛剛提到的數字線來看，正向心理學就像是把人們從負數移動到零，再移動到比零更多的地方。換句話說，幫助人們從零或者是線條上任何正數的位置，移動到更加正向的位子上，正向心理學也因此得名。

雖然逃避能夠短暫的解決焦慮問題，但逃避也會是成長過程中的一塊絆腳石。逃避行為長期下來只會加重焦慮感，成為無解循環的一部分。

無法去朋友家過夜的焦慮兒，理所當然的會覺得校外宿營是一大難事。當孩子越長越大，風險也會越來越高。同儕也會發現他怎麼「怪怪的」，並且問東問西，這又更進一步讓孩子感到羞愧或排斥。

焦慮症普遍存在

麥考瑞大學的榮恩・拉培（Ron Rapee）教授表示，猶豫、沒自信、退縮同樣也是焦慮症的一種（雖然這些症狀比較不明顯）。甚至重複性的動作，例如經常洗手、過度與家長分享想法與煩惱，或反覆確定門是否上鎖，這些強迫症常見的症狀，也是一種逃避。畢生致力於研究焦慮症的拉培博士解釋，雖然逃避行為在焦慮症疾病當中會反覆出現，激發這些行為的原因卻有所不同。[22]

若你知道有多少人為焦慮症所困，可能會大吃一驚。看來沒有任何一個家庭能夠徹底免疫於焦慮症。若家裡某個成員開始在家裡分享自己的焦慮，可讓其他成員感到安心，然後跟進。脆弱能給予他人許可和自信。當我們在他人的故事中看見自己時，這件事會從兩個面向來鼓勵我們：分享我們自己的故事，並與對方同理共感。誠如紐約時報暢銷書的作者布芮妮．布朗（Brené Brown）所形容的，讓我們產生一種「我也是」的感覺。

布朗博士在TED的演講〈聆聽羞恥感〉中談到脆弱。「脆弱的本質並不是軟弱，我將脆弱定義為一種情緒的風險、暴露與不確定性。這樣的情緒充滿著我們的日常生活。」布朗博士接著說：「如果我們想要找到重新認識彼此的方法，脆弱將會是那條明路。」

焦慮並不可恥。不會有人自願當個焦慮的人，也沒有人想要焦慮一生相隨。但我們需要談論焦慮。展現脆弱是因應的好方法。一個接著一個，人們分享了他們的故事。當你開始試著分享你或你孩子的故事時，轉變正在發生。

別掉進去麵團

尼爾・休斯（Neil Hughes）選擇向全世界分享他的故事。在TED演講的他，表現風趣，稍微尷尬，明顯焦慮，卻非常可親的一個人。他分享了一個控制焦慮症的有趣譬喻：逃離麵團。

你是否曾經將水加入玉米澱粉後攪拌呢？接下來會發生的事情十分驚人。當你攪拌、捶打這麵團，它會漸漸變硬，若你輕輕壓它，你的手會陷進去裡面。這就叫做非牛頓流體，與其他的液體的特性大不相同。施加壓力給麵團的時候，它會變硬。休斯將焦慮症比喻為在這種麵團上走路：不好走、令人精疲力盡，而且只要一停下來，你就會深深的陷下去。他在演講中分享了許多讓自己不要掉進去麵團的好方法。

第2章 焦慮蔓延的原因

為什麼有這麼多小朋友罹患焦慮症？到底是哪裡不同了，才會有這麼多孩子飽受心理健康之苦？

我們常輕易歸咎於科技的變化。人類歷史的時間軸上出現了一顆蘋果——有一片葉子，一側還被咬一口的那個——而全球互聯網的科技已經成熟且普遍。世界就此永遠改變。

但焦慮症會在兒童與青少年間蔓延，背後還有不少成因，每種成因也都不盡相同。有些原因不可改變也無法避免，[1]包括基因相關因素、早期創傷、帶來壓力的人生經驗如霸凌或至親的死亡、[2]家長的心理疾病、[3]全球性的大事，[4]或自然災害等。[5]

其他的成因則屬於家長可以影響的範疇。現在就讓我們一起深入了解這個部分。

科技與焦慮到底有什麼關係？

當我說I世代（IGen）的孩子即將面臨數十年來最嚴重的心理健康危機，真的不是在誇大其辭。

——心理學家特溫葛（Jean Twenge），二〇一七

身為世代專家，特溫葛博士研究了一九九五到二〇一二年間出生的兒童、青少年和青壯年，看見了前所未見的心理劇變。她將這些改變的肇因歸於手機。

「這些孩子從小就會用手機，還沒上高中之前就有自己的IG帳號，沒有網路的生活對他們而言簡直前所未聞。」特溫葛博士在她的暢銷書《I世代》（IGen）中寫道。[6] 二〇一二年，美國已有超過半數人口擁有智慧型手機，澳洲媒體通訊局（Australian Communications and Media Authority）則指出超過八百六十七萬澳洲成年人擁有智慧型手機，相較於前一年增加了一百零四個百分點。[7]

手機使用時間：一把雙面刃

人手一機的時代，孩子可輕易進入網路，社群軟體與電玩遊戲更串連起她們與朋友之間的連結。可是對孩子的心理健康來說，花在電子產品上的時間，可能造成兩種最明顯的影響。首先，**透過手機獲得的訊息可能會令人沮喪、害怕或困惑**。第二，**機會成本，孩子因為使用**

手機而沒有參與運動、與朋友聚會、戶外活動等，可是這些活動對於心理健康與幸福感都有正面的影響，尤其是焦慮症。

當孩子把時間花在手機、平板與電玩遊戲等電子產品上面，他們就沒時間與朋友相聚，也不會想到處走動、閱讀、運動、發揮想像力、感到無聊，更無法培養自己的創造力，不會寫功課、與家人互動，也不會想睡覺。

問題是，上述這些活動對於成長都有很大的幫助。孩子在電子產品上多花一小時，他們就少了一個小時來發展健康的生活習慣，也無法培養自己的人格特質及探索自我的價值觀，以便發展出對自身正面的價值觀。過度沉溺電子產品而無暇參與的活動還包括：玩樂、與家長或兄弟姊妹建立親密關係、學習、思考、探索、建立與他人的關係、冒險與回饋社會。

兒童與青少年花越多時間在電子產品上，他們的心理健康強度就會越低。[8] 長時間緊盯螢幕，會讓孩子的心理與生理健康產生危機。越常抱著電子產品不放，代表活動的時間越少，可想而知也會增加肥胖相關疾病的產生。[9] 肥胖將增加孩子心血管、代謝以及血糖的健康問題。肥胖的孩子同時也更有可能被霸凌，造成或是加深焦慮症的狀況。

雙面刃之第一刃——使用時間

使用使間會影響睡眠

睡不夠又必須起床的時候，你的感覺是什麼？你會覺得整個人遲緩、疲憊，而且還很難動起來，讓你覺得有夠煩躁！因此，我們都知道情緒與睡眠相關。身為成年人，我們知道睡眠也同樣會影響孩子——雖然孩子還傾向否認自己的睡眠和情緒暴躁有任何關係。要有良好的心理健康，睡眠就是關鍵。孩子比成年人需要更多的睡眠。

不管瀏覽的內容為何，都會讓孩子在使用電子產品之後難以入睡。夜間暴露在螢幕發出的光照下，也會同樣影響睡眠。這是因為，光線能讓我們隨著環境保持生理時鐘正常運作。

藍光——睡眠大盜

電子用品的螢幕會釋放出一種藍色的短波長光線，打亂人類自然的晝夜調節。這種藍光會影響睡眠賀爾蒙褪黑激素（也稱黑暗荷爾蒙）的產生。

褪黑激素的分泌量會在一天當中不斷上升與下降，目的是調節睡眠與清醒的循環。入睡前兩小時，褪黑激素的分泌量會上升，讓人產生昏昏欲睡且「準備就寢」的感覺；在清晨大約三到四點時達到分泌的巔峰。當褪黑激素的分泌量被螢幕發出的藍光壓抑的時候，將會負面影響到入眠的能力，降低夜間睡眠的品質。[10]

生理時鐘是由光線調節，當電子器材的螢幕延遲了睡眠時間，並且不斷的減少總睡眠時數，將會對睡眠周期調控有長期的影響，最終還會影響心理健康。

對於青少年的影響

螢幕藍光使得青少年體內原本自然產生的褪黑激素延遲分泌，然後造成身體上的混亂。明尼蘇達大學資深研究員凱拉．沃爾史東（Kyla Wahlstormy）在她為澳洲網站「交流網」（The Conversation）所撰寫的文章中提倡讓高中學生上學的時間晚一點。沃爾史東解釋，這是因為青少年腦部生理學的關係。文章中提到：

對於大部分的青少年而言，褪黑激素大概會到晚間十點四十五才會開始分泌，持續至早上八點左右。這意味著大部分的青少年在褪黑激素分泌後才有辦法入睡，而且要到褪黑激素停止分泌，才起得來。這種青少年時期固定的褪黑激素分泌週期將會於青春期結束後，轉變回個人體質原本偏好的睡眠／清醒周期。[11]

褪黑激素也是心理健康重要的影響因素，因為它可調節焦慮，同時，它也可支持焦慮兒發展規律的睡眠品質。[12]

陽光、血清素與睡眠

早上起床，拉開窗簾，陽光照射到眼睛的時候，體內還殘留的褪黑激素便會快速的分解。如果是這樣的話，當天晚上的褪黑激素也會提早開始分泌，讓人更容易入睡。雖然孩子可能不肯，但每天早上越早讓陽光照射進入孩子的臥室，對孩子來說就越好。

血清素，又叫「覺得很棒化學物」，會在白天的時候產生。這種激素會調節人的情緒與行為。暴露在自然的陽光下能夠加強血清素的產生（這又是一個大清早快點打開窗簾的好理由），[13]而血清素分泌的量越優質，就會有更正面的情緒，以及冷靜卻專注的精神狀態。[14]

一天中，褪黑激素隨著時間越晚也開始增加，腦內的血清素含量則下降。如果家長白天的事務量到了傍晚仍未減輕，就會因為血清素降低而導致暴躁、易怒、不耐煩、疲勞、注意力不集中以及憤怒等情緒。[15]有趣的是，由營養學家朱蒂絲・沃特曼博士所著的《血清素活力食譜》（暫譯 The Serotonin Power Diet）書中提到，食用大概三十克的糖分或澱粉類碳水化合物，加上幾公克健康的脂肪及蛋白質，能夠在半個小時內產生血清素，為情緒帶來正面的影響。家長們，（健康的）點心時間到囉！

血清素對於控制焦慮感也非常重要。有一系列治療焦慮症的藥物，就叫做選擇性血清素再回收抑制劑（selective serotonin reuptake inhibitors，簡稱 SSRIs）。[16]這些藥物就是用來提升腦內的血清素含量，但並不是以人工的方式迫使血清素增加。相反的，這些藥物是透過阻斷人體再吸收（重吸收）的機制，留下更多的血清素。

疲累又情緒化──杏仁核的角色

疲勞的時候，我們會對負面的事物更加在意，遠超過充分休息的時候。

杏仁核（第三章時會深入討論這個器官）是腦內的情緒控管中樞。一項研究報告中，比較了三十五小時未眠的成年人和享有充足睡眠的成年人，兩者的杏仁核情況。兩組實驗對象在觀看了令人不悅的圖片後，杏仁核活動程度都增加了，但是在疲憊又無眠的這組人身上，杏仁核的活動量高出了百分之六十，[17]這是十分令人驚訝的數字。

這就意味著，當人體疲憊時，杏仁核對於負面的事物與刺激會產生過敏反應。而焦慮兒本身的杏仁核就已經敏感到足以造成威脅了。若能讓焦慮兒獲得充足的睡眠，就能減少或排除因為疲累再次造成的焦慮反應。

同樣的研究團隊也發現，睡眠不足也會影響前額葉皮質控制杏仁核功能的能力。前額葉皮質在腦部前三分之一的位置，位於眼睛與額頭的後方。這部分的腦袋負責複雜的思考過程、解決問題、做出決定以及控管情緒。我們在第三章會更加深入的討論前額葉皮質的功用。

社交媒體的潛在風險

比較，是奪走快樂的小偷——西奧多・羅斯福

內建的比較模式

從生物學的角度來說，人天生就是愛比較。

早期的人類社會，「站對邊」是造成比較的重要原因。在群體中，那些總是在比較自己和他人付出程度的人，能夠更加確認自己是否符合這個群體的預期標準——群體只要認為他是有價值的成員，他就不會被逐出群體。杏仁核自然也會將這種攸關生存的安全風險視為一種危機的信號。我們都知道，杏仁核的角色在於保護人免於危險（這也是造成焦慮的深層原因）。經過天擇，那些內建比較模式的人於是存活下來，把這樣的基因傳給了下一代。

今天的網路讓我們更容易與他人比較。好希望暑假的時候能在熱帶小島上的泳池邊喝雞尾酒？那麼只要打開臉書或IG的動態，就能在家「比較」自己和正在度假的他人。年輕人在瀏覽社群媒體時，比較心態也下意識的正在發生。他們不知道的是，自己正在將「本身所經歷的實際生活」與「其他人精選過後的動態」做比較。

FOMO，又名社群恐慌症（fear of missing out）

網路出現前，如果孩子沒有受邀參加某個活動，他們可能要到接近活動當天或活動結束後才會發現。現在，派對還沒結束，照片就出現在網路上，全世界很快就知道某人沒獲邀了。這種排斥的行為會再次引發大腦與他人比較的傾向，讓年輕人感到被排斥而且孤立。

大人老是鼓勵年輕人減少在社交媒體上的時間，以為這樣做很自然又很明智，但對孩子而言卻是超級困難的事。智慧型手機與應用程式本來就設計成讓人容易上癮的模式，讓我們不停地抱著手機滑呀滑。

以前的電視節目會被廣告打斷，節目時間到了也只好等下一集播出時間，但是社交平台上卻不會提示我們「該停止使用了喔」。社交平台是一連串永不止息的刺激，以及虛擬的連結。因為FOMO社群恐慌症的原因，年輕人不但不想錯失任何社交邀請，也會讓年輕人繼續不停地滑呀滑，免得錯失掉任何「重要」的事。

當他們滑呀滑的同時，也會感受到腦內的多巴胺一滴、一滴、一滴的分泌出來——多巴胺是一種腦內分泌的「獎勵化學物質」，讓人感覺良好，鼓勵人繼續做某件事（例如滑手機）[18]，於是孩子就在電子產品上面花更多的時間。

隨時在線，更加孤單

大家都聽過一句非洲諺語「需要全村之力，才能養大一個孩子」，我們以為這句話的意思是，出事了，很多人可以幫忙。其實這句話真正的解釋是，在村莊裡有許多孩子，孩子們會在村裡找到許多玩在一起的朋友，從朋友身上學到許多事情，建立人際關係的技巧，經常與朋友說話，一起解決問題、一起爬樹、一起創造各種遊戲，也一起玩樂。

人際關係是人類快樂的核心，對於所有人都是如此。**電子產品會阻礙孩子的人際關係**，也會對心理健康造成各種長遠的影響。證據顯示，雖然孩子們經常透過科技彼此聯絡，但是他們的寂寞感卻是史上新高。[19]諷刺的是，孩子手上的電話並不是用來交談的，只是用來發訊息和聯絡的（而且每次長達數小時）。

非營利組織「常識傳媒」（Common Sense Media）為了更清楚的了解前期青少年（八到十二歲）和青少年（十三到十八歲）對於媒體的使用現況，舉辦了一次問卷調查，得到驚人的發現。前期青少年每天平均花費四個半小時在電子媒體上從事娛樂性活動，而青少年每天平均則花費六個半小時。這還不包括使用電子產品做功課或唸書的時間。[20]總體而言，女孩花在利用社交媒體聯絡彼此的時間較多，而男孩則花比較多時間在玩遊戲上面。

透過社交媒體聯絡，當然可以加深人際關係，但是孩子和青少年如果能有面對面的互動，聯結將會更深。透過這樣的互動，孩子能夠學會判斷臉部表情的細微變化，以及他人語調和肢體語言，同時避開錯讀表情符號以及文字簡訊的陷阱。

其他可能造成焦慮的電子產品相關因素

躲在螢幕背後溝通與貼文，會同時帶來期待與失望。文字訊息無法像人與人實際的對話那樣準確傳達情緒。就算使用了多采多姿的表情符號，也可能有難以解讀的時候。

對某些年輕人來說，等待訊息的回覆是一種壓力源。等待回復時，他們最難做到的事就是專心。為了能在收到訊息時馬上閱讀然後回覆，他們全副的心神通常都會專注在重複檢查手機上。另一方面，當年輕人想要讓朋友或伴侶緊張一下的時候，則會故意延遲回覆。

社群媒體的使用會影響年輕人每日的思考模式。假設我們將他們腦內的心聲播放出來，會聽到他們問這些問題：

為什麼沒有人要按讚我的照片？
她為什麼能夠在每張照片裡看起來都這麼完美？
為什麼他還不回覆我？
她是不是覺得我很煩啊？我沒辦法從這封簡訊判斷。
為什麼所有人看起來都過得比我開心啊？
這個笑臉是代表「沒事」還是有別的意思？

「按讚」的需求

對於年輕人來說，在現實世界和網路世界中獲得「讚」的需求是一樣強烈的。女孩們還會將某些按讚數不夠多的照片從社群媒體的動態上移除。沒有得到足夠的「讚」數會影響到某些人對於自我的觀感，進而可能誘發焦慮。尤其是處於網路霸凌這種徹底負面環境中的孩子，更有可能會造成負面的心理。沒有電子產品的時代，孩子在校內遭受霸凌的話，放學後就沒有霸凌了。對於使用社交軟體的年輕人來說，情況則不同：他們的腦部判定霸凌是一種威脅，但這種威脅不再有逃離的出口。這也是為什麼焦慮症與霸凌及網路霸凌之間有相當程度的連結。[21]

網路霸凌就是在網路上發生的霸凌行為。這個範圍包含遭受他人用科技，例如：電子郵件、聊天室、文字簡訊、群組、社群軟體、即時通訊或網路等方式傷害。[22] 根據研究，在曾經遭受網路霸凌的年輕人中，百分之六十八曾接受過言語尖銳的私訊；百分之四十一曾有關於自己的留言在網路上被謠傳。[23] 比起現實生活中發生的霸凌，網路上的霸凌將孩子遭受的難堪處境散播給更多人觀看，羞恥感也遭到放大。更甚者，霸凌者經常躲在虛構的用戶名稱後面，這讓追蹤或制止他們都更加困難。

雙面刃之第二刃——剝奪了從事其他活動的時間

電子產品非常迷人，許多家長都知道，很難控制孩子使用螢幕的時間。我們先前提過，電子產品會用許多不同的方式促發焦慮，而且因為使用電子產品，會剝奪其他活動的機會。

每一天都是新的機會，家長可以持續帶領孩子從事促進心理健康的活動，透過這些活動增強對於心理疾病的免疫力。以下有幾個例子僅供參考：

- 和家人一起度過家庭時光
- 與朋友一起閒逛
- 運動、去公園玩
- 到海灘散心
- 畫畫、閱讀
- 騎單車
- 烘焙
- 當志工
- 運動訓練
- 幫忙做家事

・打工
・拜訪親戚
・跟寵物玩
・到附近商店走走

焦慮症的孩子也不是完全不能使用電子設備，重點在於「適量」。如果孩子在使用電子產品之外，還能參與多樣化的活動，這樣電子產品對於心理健康的傷害程度就會減少，孩子的生命中也會有更多正向的影響。

終於，來點好消息

情況也不是那麼慘。一個健康又平衡的生命裡，花點時間在使用電子產品上也是有好處的，尤其是現在年輕人重視自己的隱私，而且精通使用電子產品。

讓年輕人與朋友透過 Instagram、Snapchat、臉書與遊戲網站等社交網站彼此連絡，會有許多益處。網路上的虛擬世界是一個在課後與假日能與朋友一起「鬼混」的地方。只要好好使用，可以加強孩子對自己身分的認同，同時鞏固他們與朋友之間的友誼。

透過互傳有趣的梗圖、拍小短片或用好笑的濾鏡拍照片等方式，可以讓彼此一起度過一段美好的時光。也可以用簡訊笑鬧、在社交軟體交換意見，並在社群網站的貼文下方留言等方式，來增進自己的社交技巧。社交軟體也會為感到孤立和寂寞的年輕人提供機會，讓他們與社群或群體產生連結與歸屬感，增強他們的自信與心理健康。

對於罹患焦慮症，並且想要進一步了解自己病情的年輕人而言，網路是相當好的資源。在網路上，能夠保密且匿名發問。信譽良好的網站如澳洲全國抑鬱症協會（Beyond Blue）以及「援手」（Reach Out）都能找到所需的答案。在線上有支援的相關服務，可靠的資訊來源以及有幫助的資源，例如「勇氣程式」（The Brave Program）、情緒健身房（moodgym）以及本書作者所撰寫的「養育焦慮兒」（Parenting Anxious Kids）課程。[24]

忙碌的生活，壓力山大的家長

數十年前人類曾以為，科技出現後將會增加我們的休閒時間。一九六五年 IBM 經濟學家喬瑟夫．福魯姆金（Joseph Froomkin）預測未來自動化的世代，每週只需工作二十小時，產生一大群「有閒階級」。[25]時至今日，這件事還沒發生。

反觀，科技繼續鞏固舊有的工作文化：透過現代科技產品，讓家長必須像「蝙蝠俠」一樣隨傳隨到，每天與工作綁在一起。對於需要工作的家長來說，準時打卡上下班很罕見，職場上不可能丟下手邊未完成的工作、沒有回覆的電子信件、還沒打完的報告就回家。科技的日新月異，逐漸剝奪人們寶貴的休閒時間，無論是員工和雇主，都要經常「待機」來因應新形態的二十四小時經濟。這讓已經行程滿檔的日常生活變得更加忙碌。

經濟合作暨發展組織（Organisation for Economic Co-operation and Development）於二〇一七所做的「工作與生活平衡」三十七個國家調查中，[26]澳洲排名第二十七。包括俄羅斯聯邦、捷克共和國與斯洛維尼亞等國在每年工作時數以及有薪假（例如國定假日、產假、育嬰假等）的福利都遠超過澳洲。事實證明，男性只要每週工作超過四十三點五小時，女性每週工作超過三十九個小時，就會損害心理健康。[27]今日的家長們一方面要照顧自己的心理健康，還要教養孩子茁壯成長，真的不容易。

其他研究更揭露，家長長時間工作，又得照顧孩子，這樣也會對兒童的心理健康造成負面的影響。[28]但往好處想，一旦家長在工作與家庭取得平衡，孩子的心理健康也會跟著進步。

「精神頻寬」不足（mental bandwidth）

上班族家長除了要面對超長工時，又要安排孩子的課外活動、幫忙完成家庭作業，此外還要包辦洗衣、採購、煮飯等家事，只能說，家長真的是勞碌命。以上的大亂鬥，還得考慮家長本身的需求：與自己的朋友小聚、回覆簡訊、與孩子相處，還要把有益自己身心健康的活動擠進行程表裡，也難怪許多家長認為自己沒有足夠的「精神頻寬」來應付生活。大量的精神負擔會讓人感到壓力，而壓力就像焦慮症一樣容易傳染。

有壓力的家長，在與孩子互動時，很有可能會缺乏溫暖與感情，也更不體貼。這些家長相較於壓力較小的家長，也容易小題大作，並在管理孩子行為的時候，使用更多控制的手段。[29]

全職父母也有煩惱

對於不在外面工作的家長而言，家庭生活也是匆促且忙碌。家裡有三到四歲小朋友的家長必須頻繁來往家中與幼稚園。孩子要上學，一接一送，時間彷彿飛也似的就過了。家長這時可能會覺得自己的需求都還沒被滿足，這時與家庭相處的時間以及與個別與孩子相處的時間，都會因為家長的時間與精力減少，隨之受到限制。

忙碌，會讓你覺得很光榮嗎？

我們來打個賭吧，問問身邊每個成年人：「你今天過的怎麼樣？」我們敢保證，至少有一個人的回答會是：「忙啊。」──彷彿只要我們不夠忙，就無法證明自己的生存價值。

花一分鐘思考自己每天究竟花多少時間在奔波忙碌。你有沒有坐下來吃頓早餐，或者在中午完全休息不做事，好好吃個午餐？當你在講電話時是不是也一邊敲打著鍵盤，拿雞毛撢子掃灰塵、或者一邊晾衣服？上班或載小孩上學前，你是否拚了命想完成最後幾件家事，因為等一下回到家還有好多事情要做？每天晚上在廚房裡，你是不是都在一心多用：一邊聽孩子朗誦閱讀作業、一邊幫忙解數學題、還要更新他們今天在學校做了哪些事，同時還要小心不要在削胡蘿蔔的時候把手指也削掉了。你走路是不是很快？用秒速載孩子去運動，只因為等一下還要衝到超級市場去買訂書針？你有停下來過嗎？有嗎？

我們猜，你很少停下來。當你在充滿壓力且超級疲憊的狀況下，是很難有時間與空間來面對孩子的。

如果你的一天過得有點糟，對於發生的事感到焦慮或難過，如果又發現朋友與伴侶正在忙的時候，通常就會避開談論這樣的話題。因為你會直覺式的了解，等到適當的時機再與他們開誠布公的分享想法與感觸，會是比較好的選擇。

孩子們也是如此。他們會等到自己覺得安心與連結都足夠的時機，才會願意分享發生在自己身上的事情。這也是為什麼，許多有意義的對話通常會發生在就寢時間。下一章會詳細說說這件事。

做的太多

當家長發現自己時間緊迫時，可能會過度幫孩子把事情做完，因為直接幫孩子把事情做完，遠比讓孩子花時間自己慢慢想還要來得快又容易。但是這麼做，孩子就失去學習新技能的機會，也無法在意外發生時為自己負起責任。

我們建議，把自己的角色設定為孩子的嚮導或教練。你需要有足夠的耐心來讓孩子從自己的錯誤中學習，並且在孩子重複犯錯時做好心理準備，不要沮喪或生氣。

以下是一個理想的例子：孩子自己做早餐時，打翻了一大瓶兩公升的牛奶，牛奶從椅子上掉到地板上，整個廚房都被牛奶淹沒。但他們在跟你報告這件事的同時，也已經差不多清理好了，只剩下淡淡的乾牛奶痕殘留地上。當然，你還是需要拖地善後，但是大部分的清潔工作早就被做完了。沒有人生氣，你也可以繼續手邊的工作，準備送孩子上學。

一個忙碌的家長，很容易就會過度反應。在壓力下的家長通常沒有足夠的時間來仔細思考如何解決問題。如果孩子犯錯，你的固定反應就是暴怒，孩子也會跟著有樣學樣。

東西壞掉，就壞掉了。東西灑出來，就灑出來了。覆水難收。把錯誤化為教育機會，讓孩子藉機學習負責任，這是身為家長能做的最有幫助的回應。

行程滿檔的孩子

大家都公認，現代的孩子行程滿檔。有些孩子忙到必須在車裡寫作業。我們也知道，有些家庭幾乎一週七天，每天都幫孩子規畫了行程。

孩子生活的忙碌程度，對他們的心理健康與幸福程度有雙倍的影響力。他們會因為行程滿檔而感覺自己大部分的時間都在匆忙中渡過。運動等活動對於培育良好心理健康有很大的助益，會增加孩子在大自然中活動的時間，促進友誼的發展，但若過度把孩子的時間填滿，會讓孩子失去作其他活動的時間，而這些健康的活動同樣也能促進孩子心理健康的成長。在戶外玩樂、與朋友打混、自創遊戲、花時間在灑滿陽光的公園或花園裡閒晃、爬樹、用積木蓋房子，甚至擁有足夠的時間能夠覺得無聊，這些活動都能夠孕育心理健康。

自由玩樂的定義是：無論自己玩或跟別的孩子一起玩，只要沒有大人插手的時間都算。這樣的活動在過去五十年來數量已經銳減。波士頓大學的心理學研究專家彼得．格雷博士（Peter Gray）指出，兒童焦慮、憂鬱、無助感與自殺傾向的上升，與玩樂時間的銳減有關。[30] 格雷博士解釋，玩樂能夠促進正向的心理健康發展，讓孩子發展興趣與才能、學習如何做決定、解決問題、守規矩、練習自我控制、學習如何控制自己的情緒、結交朋友，學習與他人相處，同時體驗到愉悅的情緒。

別看新聞

焦慮的孩子聽到社會案件時，常會感到受威脅。所有的新聞幾乎都是「壞消息」。年紀較小的孩子，對於世界大事的理解和成人差很多。孩子們可能從電視或媒體上聽到一則新聞、一場遠方的戰事，接著便感覺到威脅或危險，彷彿戰爭正在自家的門外開打。

有焦慮症狀的兒童與年輕人，經常會被無法控制且不理性的擔憂所控制。若讓他們持續暴露在新聞事件之下，無論事件發生在家裡附近或者遠方，都有可能誘發焦慮想法。如果能夠隨時避免接收到新聞報導，是再好不過的事。話雖如此，與孩子分享正面的新聞，用適合他們年紀的方式解釋聽到的新聞資訊，也會是理想的解決方式。

第二篇

了解焦慮症

孩子天生就愛問問題，他們的本質就是好奇，想要知道世間萬物。一般來說大人也會給予孩子們需要知道的資訊。焦慮症的情況也相同，教育孩子有關焦慮症的事情（雖然孩子可能沒想到要問），正是在幫助他們打下基礎，讓他們理解與控制焦慮症。這樣的過程我們稱之為心理教育。

接下來的篇章，將要介紹焦慮症患者腦中幾位不同的「選手」以及他們所扮演的角色。還會帶你了解焦慮症究竟是什麼、孩子的腦內到底發生什麼事、焦慮症出現的過程、常見的焦慮症類型，以及更多相關的訊息。

焦慮症的症狀隨著時間而更加明顯，逐漸影響孩子的思考、想法以及行為表現。有焦慮的症狀，並不一定代表「罹患焦慮症」。只要隨時注意孩子的變化，隨時用筆記寫下你觀察到的現象，就能在需要專業協助時，從容做好準備。

話雖如此，我們還是強烈建議你，如果懷疑自己的孩子正在與焦慮症搏鬥的話，哪怕只是最些微的懷疑，也一定要請教家庭醫生。我們認識許多家庭在諮詢過醫生後，才了解造成孩子行為問題的原因其實不需擔心，而且都落在正常成長過程的範圍內，不久便會自行消解，所以就放心了不少。在疑似罹患焦慮症的情況下，尋求專業協助，意味著你展開了一連串幫助孩子減輕焦慮症的行動。越早開始，成效越佳。

第3章 解構焦慮症

焦慮是什麼？

遇到讓人緊張的事情、遇到內在或外在的壓力、即將到來的大事或挑戰等情況，都會讓人感到焦慮。各位閱讀到本章時應該已經了解，在這些狀況下，只要壓力源（事件、挑戰或情況）結束，焦慮感自然就會跟著消失。這是在短期壓力之下，人體正常的反應。不過，對於焦慮相關症狀的患者來說，焦慮的感覺並不會消失。

很多原因都會造成兒童和青少年的焦慮症狀。在孩子焦慮症的背後，是一顆辛苦工作保護孩子的大腦。這也說明了為什麼焦慮的孩子和青少年（就像焦慮的大人一樣），時常會有偏執、不必要且不切實際的擔憂、害怕及恐懼感。他們的大腦對於潛在的威脅太過敏感了，因此改變了他們對於事情的想法，以及感受與行動的方式。

焦慮兒的腦袋永遠處於高度警戒的狀態。有時候他們會因為事件、想法或環境而引發焦慮的症狀，兩者之間可以見到明確的因果關係。其他時候，焦慮症不請自來，沒有明顯的原因或理由可以幫助我們判定它的源頭。

焦慮的想法與感覺，經常與觸發事件脫鉤。焦慮之下產生的想法往往不太理性，在父母的眼裡看起來也十分荒謬。有時候孩子和青少年其實也知道自己的想法不太理性，卻束手無策，無法控制這些想法所帶來的感覺。

身為家長，我們不一定會知道剛出生的寶寶為何哭鬧，卻能馬上用愛與關懷的方式回應。面對焦慮症時，以上的做法也同樣可行。無論知不知道焦慮症從何而來，相信你也能用同樣的方法回應孩子們。

山姆的故事

山姆從高中開始就多次受到同學霸凌，終於在九年級的時候被診斷出罹患焦慮症。山姆試過所有方法：跟父母與老師談、忽略那些惡霸，他甚至刪掉自己社交軟體的帳號來避免下課後面對更多嘲諷，但是霸凌者仍不願放過他。山姆經常會被霸凌者逼到角落嘲弄，而惡霸的朋友們則在一旁觀賞和大笑。

一開始，山姆焦慮的症狀是偶發的呼吸困難，隨著時間過去，他的症狀演變成每日多發性的擔心、哭泣、生氣與恐慌症。

山姆一度不想起床，他形容這種感覺形猶如心臟病發作，伴隨著疼痛與胸悶，還有暈眩的感覺，讓他無法起床開始一天的行程。

焦慮是身體對於恐懼的反應。山姆害怕那些霸凌者，這讓他的焦慮感慢慢演變成為焦慮症。當焦慮感阻礙了每天的日常作息以及生活樂趣時，就會被診斷為焦慮症。

需要特別記得的是，無論是真實存在的威脅，或是患者自己認為甚至幻想出來的威脅，腦部和身體所做出的焦慮反應都是一樣的。一旦觸發了人體的警示系統，一連串觸發焦慮症的事件都會造成相同的結果。

你懂我嗎？

如果你不理解焦慮兒所經歷過的感受，那也是正常，本身沒有焦慮症的家長可能會發現，貼近孩子所經歷的情緒是件非常困難的事，讓他們無法真正同理自家的焦慮兒。

身為家長，我們知道你最想做的事就是讓孩子知道，你懂他們；讓他們了解你能夠對他們的感受產生共鳴。為此，我們想要花一分鐘的時間請教你一個問題：你是否曾經失去孩子？就算是短暫的分開也好。

令人訝異的是，每次我們在演講時問這個問題，台下幾乎通通都舉起手。大部分的家長，在某些時刻，都可能有過這種心碎的體驗，那就是孩子短暫走失。可能是在超市裡的一分鐘，或是在人群裡的二十分鐘，孩子不見了。家長們形容這種感覺就像一股滾燙的血液流經全身，心裡一沉，腦海裡閃過無數個孩子消失的糟糕原因。每個感官都處於高度警戒的狀態，同時也有一股無法控制的衝動，想要盡快找到不見的孩子。哪怕是孩子順利找回來了，這些感覺仍會有一陣子揮之不去。

就算你夠幸運，孩子不見的事件從未發生，你還是可以想像一下大型考試或工作面試前的那種感覺。這就是焦慮兒的感受。

孩子，你從來都沒有壞掉

每個焦慮兒都有一個相同的想法，那就是他們身上好像出了什麼問題，他們某種程度上已經壞掉了。讓我們藉此機會向你宣告：他們沒有壞，一點都沒有。焦慮的孩子只是有一顆經常處於高警戒狀態的大腦，隨時留意潛在的威脅。他們的大腦正在過度工作，來保護他們免於危險。

家長可以試著向焦慮兒解釋：目前發生在他們身上的感覺，可能在班級裡也有兩、三個孩子跟他一樣，有著一顆不可思議且防禦力強大的大腦。如此一來，便能幫助孩子了解自己並不孤單。讓孩子知道：自己的經歷其實沒有那麼獨特，實際上全球還有數百萬的孩子跟自己一樣正在與焦慮症對抗，更重要的是焦慮症是可以控制的。如此一來，孩子便會覺得放心許多。

他們沒有壞掉。他們是非常了不起的。很多焦慮症的孩子其實都非常體貼、敏感、有愛心、善良、寬容、大方、有趣且十分有同情心。請讓他們知道，做自己原本的樣子就已經足夠，他們可以學會控制大腦的警示系統（就像是在學習新的技能一樣）。他們不需要別人把他們「修好」，他們需要的是體諒、愛、同理心、支持，偶爾還需要專業的協助。

身體的警示機制

當我們碰到危險，焦慮是一種身體保護我們的方式。這一種腦部作用機制，烙印在我們的生物本能裡。

感到焦慮是一件正常的事。小朋友可能會因為要在全班面前演講，或者參加自己喜歡的體育競賽而感到焦慮。青少年則可能因為要面試一份打工、約自己喜歡的人出來，或者學校的小考而覺得焦慮。

短暫的壓力與焦慮感，將會伴隨行動的發生，成為一種推力，讓我們能做出改正或準備更充足，同時也能改善記憶力，還可以增加警覺性。

我們可以將人體的焦慮反應比做煙霧偵測器：它存在的目的就是為了要警告我們小心火燭，因為火災會危害到人身安全。當家裡失火的時候，煙霧警報器便會大聲作響。它發揮了應有的功能，讓家裡的每個人都知道危險來了，快點避難。

我們的焦慮反應，也用同樣的方式形成一種保護機制，設計的原理是用來保護人們性命不受危害。如果我們身體裡的「戰或逃」機制開啟我們逃離真正危險的本能，就像是煙霧警報器在家裡失火時那樣，那一點也不奇怪，對吧。

焦慮症會成為問題，是因為腦海裡的警示系統太過敏感，在沒有真實危險的時候仍然過度反應。這就像是身體裡的煙霧探測器偵測到烤焦的土司然後大聲作響。有焦慮症的孩子，在安全的環境下仍會有症狀發作，即便危險是幻想出來的。

大腦內的「焦慮選手」們

杏仁核

焦慮症常起因於杏仁核功能異常。杏仁核位在腦內一塊杏仁狀的區域，負責接受感官收到的訊號，特別是我們的視覺與聽覺。杏仁核也在處理情緒的過程中扮演重要的角色，這也是為什麼焦慮症經常伴隨著巨大的情緒，包括悲傷與憤怒。

就像我們前面提過的，焦慮症患者的腦部掃描相較於沒有焦慮症的人，在杏仁核的位置顯示出更多的活動現象。[1]在焦慮兒的腦部，也可以看見杏仁核明顯較大。[2]由於杏仁核素來有「恐懼中樞」之稱，所以當焦慮症病人的大腦有較巨大的杏仁核時，理所當然的他們會對危險有較大的反應，無論危險真實存在與否。

大致上，當杏仁核感知到危險時，就會發送出一種煩躁的信號，來讓身體準備好選擇要面對危險或逃跑。這是由交感神經系統引發的一種反應，通常被稱作為「戰或逃」反應。

「戰或逃」反應

「戰或逃」是人類面對危險時，本能表現出的求生反應。但這個反應本來並不應該像發生在焦慮兒身上那樣頻繁的啟動。這是為什麼焦慮症會讓人覺得非常疲憊的原因。

在這個反應中的「戰」，解釋了為何有些焦慮兒與青少年會展現出生氣與攻擊性的行為。「逃」的部分則說明了焦慮症中常見的逃避行為。有時候孩子也會直接僵住，不戰也不逃。因為他們的焦慮大到使得他們無法做任何事。

啟動「戰或逃」反應，能讓身體以多種不同方式準備好對抗危險或逃跑。這會引發腎上腺素與荷爾蒙的分泌，導致生理上面的變化，包括心率上升和呼吸急促，這些都會讓身體準備好，讓我們隨時能面對衝突或脫逃。

這些變化都出現的太快，讓人們感到不適或非常糟糕。這些感覺會讓孩子與青少年感到苦惱，並希望這一切趕快停止。

圖1：「戰或逃」的反應

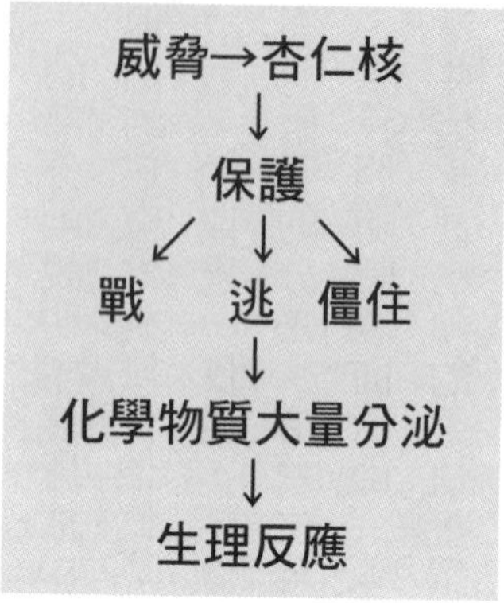

前額葉皮質——沒時間思考了

面對危險時，杏仁核會發出信號給身體，讓身體不需要思考，瞬間就做出「戰或逃」的反應。杏仁核偵測到危險後，就發送信號給相對應的化學物質，不需經過大腦負責下決定的部位去判斷，立刻便能做出戰或逃的選擇。而大腦裡負責下決定的部位，就是前額葉皮質。

如果杏仁核是獵犬，「戰或逃」反應就是獵犬在攻擊或逃跑，而前額葉皮質就是那隻坐在高高圍牆上看好戲的貓。獵犬知道自己沒有時間詢問貓咪的意見，沒時間去了解當下究竟發生什麼事，牠必須馬上攻擊或逃跑。對於焦慮的孩子來說，他們腦中的獵犬總是看到黑影就要攻擊。

簡單來說，焦慮會導致負責做決定的過程發生短路，這是有原因的。在生死關頭，「先做再想」比較快。哈佛大學的丹尼爾・席格（Daniel Siegel）是位經驗豐富的臨床精神科教授，他在著作《教孩子跟情緒做朋友》（The Whole-Brain Child）中說道，[3]有次他與兒子一同健行，看見前方的道路上有一條眼鏡蛇，他腦內的杏仁核促使他立刻大叫「停！」而他本人事後才意識到發生了什麼事。

如果他的前額葉皮質在這一連串的反應中，按照正常程序發揮作用的話，那會是這種情形：「噢不！我兒子前方的路上有一隻蛇。現在是提醒他的好時機。」在這種危急的情況下，他當然不希望腦袋走正常程序，先歷經一連串的知覺反應，然後才做出重要決策：提醒兒子。

所以，現在知道為什麼危急的時候，別讓前額葉皮質參與決策了吧。

除了負責做決定之外，前額葉皮質也同時參與了：

- 計劃
- 社交場合中的行為
- 想像、判斷
- 語文推理
- 問題解決

・保持專注力
・能夠處理精緻物品
・區分衝突與想法間的不同
・預想後果
・向目標努力
・壓抑不為社會大眾所接受的各種衝動

或許閱讀到這裡，你終於能夠理解為何家中焦慮兒無法做到上述的技能。因為這些行為都需要前額葉皮質的參與。

想要更清楚的了解焦慮症在孩子身上造成的種種影響，家長必須要花更多時間注意孩子在想什麼、他們的感覺如何，還有他們都在做些什麼。有時人們會把這些事情稱作為認知、生理學或行為模式。不管你叫它們什麼，當你把腦袋與身體中發生的事牢記在心，這些問題都會開始豁然開朗。

當焦慮症的大腦思考時，會發生什麼事？

兒童和青少年感覺焦慮時，他們的杏仁核會偵測到危險，引發「戰或逃」的反應。這件事情隨時隨地都有可能發生：小考前的教室裡、在房間看書的時候、看新聞的時候、走路上學的途中、玩遊戲的時候、投籃的時候，甚至是在與朋友傳簡訊時。

擔心是焦慮常見的特徵之一。這是保護我們遠離危險的有效機制之一，因為我們會對有威脅的事物產生擔心的感覺。你在皮膚上發現一個斑點後，馬上就決定去做健康檢查，因為你會擔心。話雖如此，過度頻繁、沒有根據且不理性的擔心，則會影響生活品質。

當杏仁核把某件事物視為威脅時，就會發生這樣的狀況。大腦知道，要避開危險，就得持續注意那個造成威脅的東西，所以孩子開始擔心之後，就會一直持續擔心下去。處於擔心狀態的大腦會不斷回想以前發生的經歷，或快轉到未來可能發生的事情。若能幫助焦慮兒維持在比較專注的狀態，讓他們把注意力放在當下，會讓他們比較放鬆。

透過練習，專注力會幫助容易擔心的大腦變得比較沒有那麼「難搞」，換句話說，你會更容易脫離擔心的狀態，繼續過正常生活。專注力能讓杏仁核的尺寸（與反應）變小，並增加杏仁核與前額葉皮質間的連結，讓具有鎮定作用的前額葉皮質厚度增加，活動量也變大。[4]

壞念頭

每個人每天都有數以千計的念頭在腦裡閃過。我們也知道，在無意識的狀況下，自己能夠輕易消除大部分的念頭。如果我們真的發現了所謂的「壞念頭」，通常也可以用「這個想法沒意義」這樣的理由把它刪除，把這個念頭拋在腦後然後忘了它。這些動作通常都在很短的時間內就發生了。

某些孩子會陳述，他們腦裡大部分的念頭是「壞」的。他們可能會發現自己有些念頭感覺起來很刻薄、不公平、傷人、欺瞞、卑劣、有害等。這些念頭對於焦慮兒來很麻煩，因為他們不想要這些念頭出現，他們不知道這些念頭是從哪裡冒出來的，他們覺得會有這些念頭代表自己是壞人。當孩子有揮之不去的侵入性思維時，就可能代表他們正深受強迫症所苦。

我們常在強迫性思考的孩子身上看見，他們經常把腦袋裡想的東西說出來（通常是告訴父母）。他們必須透過這樣做，來獲得自己需要的安慰，來知道自己的想法不是真的，自己不是壞人。這可能會變成一種強迫性的行為。他們需要把想法說出來，以便降低自己的焦慮感。其他強迫性的行為還包括洗手、計算、敲擊或拉扯自己的頭髮。如果孩子有以上這些症狀發生，那很有可能被診斷為強迫性疾患。

用你的前額葉皮質來幫忙孩子

身為他們的家長，你通常都知道孩子不必有那種想法，不必擔憂。但你的孩子無法用跟你一樣的角度來看自己的問題。如果你試著對他們說理，那麼效果不大，因為他們大腦裡那塊負責解決問題、做決策及有語文能力的區域——前額葉皮質層——現在正處於當機狀態。要過一陣子才會恢復運作。因此，我們建議你，如果要和孩子談談焦慮症發作當下的狀況，最好把這個對話留到事後一陣子，這樣孩子的腦袋才能準備好接受訊息。

現在你已了解前額葉皮質所扮演的角色，應當就能理解焦慮症是如何影響孩子的思考。你也知道了，當孩子焦慮的時候，腦裡負責思考的部位基本上是停止運作的。

想要陪孩子一起控制他們的焦慮，最有效益的時機就是在這次焦慮症發後、到下一次發作前的中間。當孩子感到冷靜且放鬆時，你就能事倍功半的幫助他們了解自己腦中發生的事，同時演練各種能夠讓他們控制焦慮的方法，例如：有效的思考技巧、呼吸法以及專注力訓練。

這也是為什麼焦慮症會影響孩子學習上的表現。當孩子焦慮時，大腦會努力工作保護他們的安全，此時記憶力和學習力就會跟著受到影響。焦慮症不僅會讓孩子難以思考，更會讓他們無法集中注意力（無論時間長短）。他們的腦袋正處於生存模式，而前額葉皮質層根本已經斷線。我們也需要老師參與，幫助孩子在教室裡也擁有管理焦慮症的技術。

焦慮如何影響生理？

除了影響思考能力外，焦慮症還會造成一連串身體內的生理變化。例如腎上腺素等神經化學物分泌後，會刺激身體，讓身體更有力氣去對抗眼前「危險」的狀況，執行「戰或逃」的動作。

當我們從「為了預備身體進行『戰或逃』反應」的角度看這件事情，伴隨著焦慮症而來的生理變化也就更加容易理解了。

- 心臟為了輸送更多血液到全身，會加快跳動速度，提供氧氣作為肌肉及其他重要器官的能量。
- 為了將更多氧氣帶入血流，呼吸頻率增加。
- 肺部小呼吸道擴張，隨著每次呼吸能夠吸收更多氧氣。
- 血液從消化系統流動到四肢。
- 身體的冷卻系統因為預期會做出動作而啟動，皮膚會發汗，觸感跟著變得濕黏
- 身體運送額外的氧氣到腦部來增加警覺性
- 視覺、聽覺和其他感官會變得敏銳
- 從暫存處釋出血糖與脂肪，來增加身體的活力。[5]

上述的改變，幾乎在腎上腺素分泌的瞬間就會產生，在腎上腺素分泌逐漸趨緩後，一種叫做皮質醇的壓力賀爾蒙會接著分泌，在腦部持續感覺危險時讓身體保持活力。

這也難怪，焦慮時身體會感覺在每個方面都達到顛峰的狀態，來準備好生死搏鬥或逃往安全的地方，但是這些緊張狀況卻都沒有發生。身體其實無須做出這種感覺，因為焦慮兒並沒有真的面臨生死攸關的情境。可是現在他們的身體做好了準備，等於是充飽了精力卻無處可施放。

因此，焦慮兒會感到顫抖、臉紅、怒氣沖沖、猶豫、過度反應、不耐煩，他們不知道要拿自己怎麼辦，也沒有辦法乖乖坐好。他們可能會有噁心或想吐的感覺，因為血液從腸胃被分流到最需要的部位，也就是手臂與雙腳。

這些事情快速發生的同時，交感神經也接棒「登場」。焦慮兒需要他們的副交感神經，也就是所謂的「休息與消化」系統來掌握全局。在這整個系統中，唯一能夠讓我們有意識掌握的，就是呼吸。我們會在第十章討論更多關於呼吸的事情。

為什麼焦慮會影響行為？

焦慮的孩子安靜、害羞、隨和、敏感、有同理心、是完美主義者而且容易沉思。另一方面，他們也可以很有破壞力、易怒、容易沮喪、動怒且愛唱反調。經常處於「戰或逃」狀態的孩子，有時面對即將來臨的危險或威脅時，會選擇撤退逃走；有時被無法控制的衝動淹沒，會讓他們挺身面對威脅，正面迎擊觸發杏仁核的任何事物。

焦慮症造成的行為，經常會被誤解。焦慮兒在家裡的行為可能會與在學校非常不同，因為在家裡他們覺得安全且舒適。相較於選擇「逃」，選擇「戰」的焦慮兒經常會被認為愛惹事生非、愛挑釁、不專心、很嚇人，甚至對他人來說感覺很危險。

夏妮的故事

夏妮就讀私立女校的五年級。她很喜歡上學，喜歡學習，老師及同學都很喜歡她。但過去幾個月以來，她的課堂表現與學業成績不斷下降。她常為了留在家裡不去上學而掰理由，而真的去上學時，她也很難專注。

老師發現夏妮的日記中有攻擊性的圖畫後，便聯絡夏妮的媽媽。這幅畫裡的主角是夏妮的姐姐。夏妮的媽媽感到十分震驚。

夏妮一開始不肯談論這個話題，後來還是解釋自己是因為思念父親而常常感到害怕。夏妮的爸爸在海外工作，一去就是好幾個月。夏妮解釋，她每晚都會擔心爸爸不在家的時候，有入侵者闖入家裡傷害她和媽媽還有姐姐。

夏妮解釋，她曾多次試著和姐姐談論自己的感受，但姐姐總是說她的想法很可笑。夏妮的媽媽帶她去看家庭醫生，家庭醫生將夏妮轉診給心理醫生。隨著時間過去，夏妮才透露自己對於姊姊的怒氣，並表示繪圖是一種宣瀉情緒的方式。

焦慮的行為未必永遠會造成問題，但有時還是令人十分苦惱。在教室裡，焦慮的孩子可能會經常尋求老師的認可，或不斷提問以確保自己做的每件事都很正確。他們很難專心，會隨意離開位子走動或與其他孩子聊天，打擾其他同學。但只要家長與老師了解焦慮是什麼，就可以理解孩子的行為背後的原因，也知道如何處理。

對於學齡的焦慮兒來說，家庭與學校之間的溝通是一座橋樑，讓他們無論是在家庭舒適的環境裡，或者變動性較高、較陌生的學校裡都能夠控制自己的焦慮。

讓焦慮兒認識自己的大腦

讓焦慮兒了解自己的大腦裡究竟發生什麼事，可以幫助他們：

- 了解自己焦慮行為背後的核心是什麼
- 辨識自己的症狀

・處於焦慮狀態時，了解自己的想法、感受與行為
・將自己的焦慮看做是一種「假警報」
・知道自己為什麼要練習控制焦慮的技巧
・在自己痛苦的時候，對自己產生同情心
・更有勇氣去淡化焦慮的存在感
・成長茁壯。

向孩子解釋焦慮症

兒童及青少年在焦慮的當下，需要知道自己的腦袋裡到底發生什麼事了。這樣可讓焦慮症卸下它神秘的面紗。孩子如果能了解焦慮，就能學著把它視為一種可預測的東西，它是用來保護自己免於危險的。

找一個安靜的時間，確認當下孩子的心境適合對話，精神也處於滿足放鬆的狀態，然後帶著孩子用好奇的心情來開啟這個對談。如果家中的焦慮兒還是小學生，家長可以用繽紛的彩色筆繪製流程圖或海報搭配使用，當作一種色彩繽紛的提示，讓孩子知道，自己有一顆了不起的腦袋，努力運作來保護他們的安全；而有時，腦袋為了保護他們免於幻想出來的危

險，會運作得有點太厲害。至於年紀比較大的孩子，只要在談話的時候簡單畫出草圖，通常就能夠獲得不錯的反應。有些年紀較大的孩子其實也會喜歡海報的解說方式。

以下是面對小學年齡的孩子時，可以使用的說法。

嘿，你有沒有發現自己：

最近常常有很多的煩惱，或很快就覺得崩潰，或最近很容易因為一點小事生氣，但以前不會這樣；或者，很難坐著不動，上課也很難專心，或不想去學校上課，或很怕黑漆漆的樓上；或者，覺得去朋友家過夜讓你有點太緊張？

其實啊，很多其他的小朋友也都跟你有一模一樣的感覺喔，這種感覺有個名字，叫做：焦慮。

在你的大腦裡，有一個非常棒的東西叫作杏仁核。杏仁核的工作，就是要在有危險的時候保護你。它保護你的方式，就是讓你的全身充滿力量，這樣你就可以對抗危險，或者很快很快的逃走。

有時候，你的杏仁核太努力想保護你了，就算你不需要保護的時候也會保護你。結果就是你的身體會突然充滿力量，這股力量會讓你的肚子覺得怪怪的，像你平常肚子不舒服那樣；或者你會容易想哭、生氣、擔心、疑神疑鬼、不舒服、頭暈、好像有哪裡怪怪的、想要離家裡近一點、不想要離開我太久。

這些事情發生的時候，很難過對不對？

但是你知道嗎，因為你的大腦很棒，隨時想保護你，所以才會發生這種事。你可以用慢慢、深深的呼吸，來告訴自己的杏仁核：我很安全喔。你可以專注在當下發生的事，還可以學習新的思考技巧，這樣都能夠幫助你面對焦慮喔。

家長還可以加上一句：「只要你在平常的時候多練習，等到杏仁核想要太用力保護你的時候，你就可以告訴它：『我沒事呦。』我很樂意陪你練習，我們可以一起做這件事喔。」

有一本由作家凱倫．揚（Karen Young）所著、非常可愛的繪本，叫作《戰勝緊張焦慮的小小戰士》（Hey Warrior）。這本書是很好的資源，可以幫助年紀較小的孩子（其實所有人都適用）理解焦慮症。

家長可以利用以下這番話當草稿，向年紀較大的小學生或中學生解釋焦慮症。

嘿，你還記得你最近經常肚子痛、不想去學校，為什麼呢？

其實有一個很棒的原因，可以讓你知道為什麼喔。

你的大腦裡，有一個部位叫作杏仁核，它的工作就是保護你遠離危險。有些孩子有「焦慮症」，對他們來說，就算是安全的時候，他們的杏仁核也會偵測到危險，對於很小的問題，也會做出超大的反應。還有時候，杏仁核的警報系統會沒有理由的突然被啟動。

很多人都有焦慮症。這個狀況很常見。你們班上也會有焦慮症的同學。

當你的杏仁核感受到危險的時候，就會開啟一種叫作「戰或逃」的反應。這是你的腦袋幫助你充滿力量，來面對戰鬥或者逃跑的方式。問題是，當身體充滿了力量，卻沒有東西需要對抗或躲避的時候，這會讓你的身體感到非常不舒服。

當你的腦袋進入「戰或逃」模式的時候，你會有想要逃的感覺：逃避去學校，逃避其他事情。或者，你會想要對抗所謂的「危險」。例如老師上課問你問題的時候，或者其他事情發生的時候，你的腦袋都會武裝起來保護你，這就是為什麼你會開始感到憤怒。

你的身體正在充滿力量，可是同時身體機能也改變了，讓你心跳加速，呼吸也急促，好讓更多氧氣進入肌肉。在消化系統中的血液也會流到你的手臂與雙腳，讓你能夠在對抗危險時更有力氣，逃跑時則更加快速。這就是為什麼有時候你會感覺自己像是要吐了。你也會感覺頭暈和發熱。

焦慮會讓你沒辦法專心，也沒辦法清楚思考。怪不得你最近會在學業上到有點吃力。

但往好處想，你是有辦法讓你的杏仁核知道自己很安全的。透過呼吸、專注力，還有使用新的思考技巧，這些都能夠幫助你，在焦慮感出現時控制它。

我們可以訂一些計劃來讓你練習這些技能。在練習的道路上，每一個步驟我都會支持你。

其他可以解釋給孩子的事

焦慮發作過後，當孩子平靜下來，可以讓孩子知道，「擔心」就是身體的警示系統在發出假警報。你可以向孩子說明，這樣的情況常會發生在面對全新或不熟悉的情況時。你也可以譬喻成，孩子正在透過一副名為「焦慮」或「擔心」的眼鏡看事情，想找出所有可能會出錯的事情，找出所有「如果…」後面會發生的事。你甚至可以搭配一副真的眼鏡，幫它加上塗色的鏡片來說明這個觀點。

還有一個好用的解釋法，那就是告訴孩子：當他們在讀恐怖故事或看恐怖電影時，即便沒有身處在那個危險的情境裡，還是會感到害怕。接著引導孩子將這個經驗與自身焦慮時的感受做出連結。

第4章 如何看見孩子的焦慮

你還記得這樣的感受嗎：第一次發現小寶寶長了滿身的紅疹子，發現小孩的脖子後面長了一個腫塊，或者第一次處理小孩發燒的狀況？頭一回處理這樣的狀況，身為家長的我們如果覺得有壓力或不安，甚至感到焦慮，都是很正常的。

隨著時間過去，我們越來越熟練自在，可以辨認出病毒疹、病毒造成腫起的淋巴結，或處理發燒的狀況，也不再會那麼有壓力。我們經歷過這些事情後，讓我們能夠辨識出熟悉的模式或變化，並且做出相應的對策。

但是，不像那些生理上的病痛，焦慮症的跡象或病徵並不會依循一個特定的模式。不同孩子會有不同反應，出現的時機可能會是在社交、情緒或學業等生活中的各種面向，出現的方法也非常多樣。

這樣使得我們很難辨識出焦慮症，除非家長本身經歷過焦慮症。焦慮症的家長通常能夠辨識出孩子身上出現焦慮的徵兆，這些徵兆有時會被忽略，或至少會需要一些時間才能看出來。兒童時期發生的焦慮症可能會跟某些成人所經歷的徵兆與症狀類似。

本章中我們會分享：如何判斷孩子的焦慮是不是一種「面對日常事件的正常反應」，如何判斷不同種類的焦慮症狀和跡象。同時也會說明，一般的焦慮感何時會惡化為焦慮症。早期發現就能越早治療，也能越早介入，幫助改善你和孩子與家人的生活品質。好好的做一下深呼吸，我們要開始囉。

外界情勢對你有利

焦慮症經常會被忽略，結果可想而知，患者因此沒有治療，而且持續好幾年。大半患有焦慮症的成年人在青少年時期都經歷過焦慮的症狀，所以如果你在年輕時曾有過焦慮的症狀，現在身為家長的你就佔了上風，因為你能夠辨識出焦慮症的症狀。辨識出症狀後，就能與家庭醫生約診，你和孩子也可以一起發現症狀的本質，著手規劃下個階段的行動。

一項針對一萬多名青年進行的大型研究計劃發現，六歲是焦慮症狀發作的平均年紀。[1]這項研究證明了：就算我們知道焦慮症和其他精神疾病首次發作是在兒童時期或青少年時期，但治療通常都會在數年後才會展開。[2]

請想一下：只要閱讀本書，將其中的知識用在孩子身上，你就可以發揮正面影響，讓孩子走上健康與幸福的道路。書中知識可以幫助你，在焦慮症露出馬腳時隨即認出它，並採取必要的步驟；當然，不一定要有病症才能與專家會面，但如果孩子真的出現病症，你的孩子也絕對占得先機，可以獲得支持與協助。請放心，如果真的發生了，你是能夠扭轉局勢的，同時也會有許多幫助在等著你。

「焦慮—平靜」的連續循環

傳統上我們以為焦慮症只有「存在」和「不存在」之別，但現在認為焦慮症會有一個「從高度冷靜到低度冷靜，從輕微焦慮症到高度焦慮症」的連續循環。[3]當你發現孩子已經從比較冷靜且放鬆的人格，移動到壓力較大的區域，同時伴隨著行為上的轉變，這就是一種提示；這時身為家長便應該「靜觀其變」，看看隨著時間經過，這些改變是否真的指向罹患焦慮症的可能。同樣的，幫助孩子往冷靜的方向移動，將有助於減緩壓力。

行為線索

年幼的孩子往往無法闡述自己的想法或感受。雖然孩子年紀漸長後，訴說自身感受的能力也會增加，但從他們的行為中還是能觀察出許多徵兆。有時候行為中透露出的線索可能會是焦慮症的早期徵兆；其他時候，這些線索則會在焦慮症真的成為問題時才會顯露出來。

焦慮症會借用許多不同的面相展現自己，這件事讓你的角色更加吃重了。大多數的家長都有神祕的第六感，能感應到在孩子情緒、行為、聲音、態度、飲食、注意力和與人交流時最細微的變化。相信自己的直覺。詢問特定的問題，也能打探出一些資訊。

兒童焦慮專家、加拿大英屬哥倫比亞大學的助理教授琳・米勒（Lynn Miller）設計了一道方便的測驗，只需用兩個問題就能檢測孩子未來是否可能會有焦慮症。結果證實，這個問卷的答案能夠有效檢測孩子焦慮症的情況，準確率達八成五。以下是這道問卷裡的兩個問題：

1. 相較於同齡的小朋友，你的孩子是否比較害羞或容易緊張呢？
2. 相較於同齡的小朋友，你的孩子是否更容易擔心？

如果兩個問題的答案都為「是」的話，並不代表你的孩子罹患了焦慮症，這只是代表你的孩子將來發展出焦慮症的可能性較高。家長知道這個訊息之後，就可提早協助孩子培養韌性、思維技能、自我調節的能力。

焦慮也算正常的情緒反應嗎？

面對高壓情境，焦慮是一種正常的反應。有時候，焦慮甚至是可以預測的。即便是正常的焦慮，也會讓孩子和家長感到苦惱。家長也很容易擔心：孩子現在的焦慮感與憂慮感是否預告了後面有更大的挑戰。不要擔心，這只是「大腦想要過度保護主人」而發揮的作用，隨著威脅過去，焦慮感與隨之而來的憂慮感都會跟著消解。

很多的狀況都會觸發孩子內心的焦慮感，包括：

- 高壓的環境
- 生活中的重大改變
- 轉折點
- 難以承受的經驗
- 全新或不熟悉的環境。[4]

大部分的孩子也會在某個時期經歷一連串不同的發育恐懼和焦慮。你可能會看到下列幾種焦慮的情況，例如分離焦慮或黑暗恐懼。

下面是一份圖表，幫助你了解兒童與青少年發育期正常的焦慮與恐懼：

表1

年齡		發育期的恐懼與焦慮
前嬰兒期	出生一周內 0～6個月	害怕與照護者失去肢體接觸 異於常態的刺激源 （例如：巨大的噪音、突然的動作）
後嬰兒期	6～8個月	害羞 害怕陌生人
學步期	12～18個月 0～2歲 2～3歲 3～4歲	分離焦慮 巨大噪音、突然的動作、大雷雨、吸塵器、氣球爆破、穿戲服的人物（像聖誕老人！） 對雷聲與閃電、火焰、水、黑暗與惡夢的恐懼 不熟悉、嚇人的聲響、鬼怪與精靈、床下的怪物、盜賊、怕黑、晚上自己就寢、奇怪的聲音、投映在臥室牆上的黑影
前兒童期	4～6歲 5～6歲	害怕死亡或死者 與家長分離、鬼魂與怪物、黑暗、獨處、走失、惡夢、打雷與閃電

學齡兒童	5～7歲 7～11歲	害怕特定的物品（動物、怪物、鬼魂） 害怕細菌或罹患嚴重的疾病 害怕自然災害、害怕創傷事件（例如：被燒傷或發生車禍） 對上學感到焦慮、對自己的表現感到焦慮、害怕獨自看家、害怕意外發生在寵物或至親身上、害怕被拒絕或遭到同儕批評
青少年	12～18歲	害怕被同儕拒絕 在意同儕對自己的看法 害怕至親生病或死亡、在意自己在學校的表現、高中畢業後的前程問題、世界大事、入侵者、自然災害、害怕被邊緣化[5]

焦慮，何時會從正常情緒變成疾患？

某些孩子會被焦慮影響，同樣的焦慮下其他孩子卻還好。有過焦慮經驗的孩子，大部分的時間還是可以過得很開心。

可是當焦慮開始干涉孩子的日常生活與生活品質，此時焦慮就成了一種疾患。如果焦慮的情緒開始讓孩子變得軟弱、痛苦，而且隨著時間過去變得更嚴重、發作頻繁且持續存在，務必要把這個現象視為一個警示。[6]

我該擔心嗎？

澳洲全國憂鬱症協會（Beyond Blue）建議：小心駛得萬年船。協會表示，下列的問題，若你回答「是」的次數越多，你就越需要將你所觀察到的現象與孩子和家庭醫生聊聊。

- 你最近是否發現孩子有行為上的變化？
- 這樣的變化是否在多個環境下都曾出現（家裡、學校、工作）？
- 這樣的行為經常發生嗎？
- 這樣的情況是否持續超過兩星期？
- 這樣的變化是否對於孩子的日常生活造成影響（例如：學校作業或人際關係）？[7]

焦慮症的病徵與症狀

許多症狀都指向焦慮症，但當孩子身上出現這些症狀，並不代表孩子罹患了焦慮症。下面我們列出各種該注意的焦慮疾患，以及它們的病徵與症狀。你可以留意孩子身上出現焦慮病癥的頻率、症狀的嚴重程度，以及在什麼時間點你開始發現到變化。

如果你真的很擔心，請與專業醫護人員約診以及諮詢，公開且坦誠的談論這一切，你可以選擇要不要帶著孩子前往預約的診療及諮詢。我們建議你，在這段時間做筆記來記錄孩子的病徵與症狀，這樣你在和專業醫療人員約談時，就能精確的描述發生的狀況，讓專業人員所做出來的判斷也就越準確。

以下就是焦慮症病徵和症狀對於孩子情緒、生理、行為與想法的影響。

情緒上和生理上

由於「戰或逃」反應發生時，身體也會產生變化，所以焦慮的症狀很常出現在生理機能上。對於孩子來說，這些症狀可能會讓他們很擔心，會擔心自己的身體是不是出了什麼不明的問題。教導焦慮兒關於他們的腦部或身體上所發生的一切，就可以幫助他們更加了解自己的症狀與感受。

焦慮症出現在情緒和生理上的病徵與症狀有：

- 胸口疼痛或不適
- 胃部不適或疼痛，噁心感
- 暈眩、頭重腳輕或感覺失去平衡

・感覺模糊且混亂，或好像從自己的身體裡抽離出來
・覺得發冷或發熱
・覺得喉嚨好像卡了個腫塊，或者有哽住的感覺
・昏昏欲睡
・視力斑駁
・頭痛
・麻痺或刺痛感
・腹瀉、容易疲倦
・心跳加速
・呼吸變快（過度換氣）、感覺喘不過氣或憋氣
・流汗、發抖或顫抖
・經常因為小事就哭泣
・突然暴怒、經常表現出緊張

行為

焦慮兒在擔憂的時候，就很難專注。在他們的身體感受到杏仁核的刺激，導致躁動不停，

很像是車子被卡在坑洞裡，這也會讓他們難以專注。難怪焦慮也會以下列表中的行為模式出現。請切記，有些焦慮症的孩子可能會安靜又害羞，有些則中規中矩。在這些孩子身上，焦慮症很容易就會被忽視。

用來辨別焦慮症的行為有：

- 不肯參與課堂活動，不敢發表意見或舉手
- 過分害怕做錯事
- 在外表和學業上極力追求「完美」
- 拒絕接受施打定期的預防針或看牙醫
- 拒絕與其他孩子相處，或因為社交恐懼無法焦到太多朋友
- 不睡在自己的寢室，拒絕參加朋友家的過夜派對
- 因為各式各樣的理由拒絕去學校（例如：大考、表演、霸凌或社交活動）
- 不喜歡冒險或嘗試新的事物
- 逃避自己擔心或害怕的情況。

思考

焦慮兒的大腦除了時常留意威脅和危險之外，也無時無刻的在思考：反省過去的事件、

從各種角度分析情勢與反應、擔心焦慮、猜想下一步會發生什麼事。如果舉辦一個「擔心大賽」，焦慮兒一定會是金牌得主。擔心與過慮也是焦慮症的病徵之一。

所有孩子都會擔心，這本來很正常；但焦慮兒的大腦，產生煩惱的速度遠超過他們的思考速度。在愛他們、關心他們的人眼裡，大部分焦慮兒所擔心的事看起來都不理性且微不足道，但在焦慮兒的腦海中，這些威脅感覺非常真實。例如，焦慮兒可能會擔心的事情有：

- 我考試會考砸。
- 我可能會做錯事。
- 放學後，媽媽可能會忘記來接我
- 老師會對我大吼大叫，其他小朋友就會笑我
- 那隻狗可能會咬我
- 我可能會從腳踏車上面摔下來，讓我很丟臉
- 我可能會在朋友面前出糗
- 我是不是闖禍了
- 我在學校可能會突然生病
- 爸媽可能會突然死掉。

依賴性

焦慮兒經常尋求安慰感。大部分的時間裡，他們的「戰或逃」反應都在活躍的狀態，讓他們感覺備受威脅。所以他們很希望自己信任的人能夠安撫他們，再三向他們保證自己會沒事。如果你的孩子有焦慮經驗，下列情況對你而言應該不陌生：

- 明明是自己可以做到的事，卻要尋求協助
- 沒有家長或其他信任的成人陪同，就不願意睡覺
- 問別人「你可不可以幫我做？」或「你可不可以幫我告訴他們？」
- 用危險或負面的角度看待情勢
- 問別人「你確定我不會生病嗎？」
- 問別人「你確定會準時來載我嗎？」
- 不願意自己與老師溝通，要家長幫他們做這件事
- 不願意離開家太久，或完全不願意出門
- 要求家長陪他們去參加派對，並且留在派對現場。
- 對於擔心的事情需要旁人反覆安慰（例如：皮膚上出現的不適感，其實不是癌症）
- 經常需要對別人傾訴想法與煩惱
- 表現出依賴性行為，例如黏人。

如果孩子發生上述這些焦慮的情況，可以透過深沉與緩慢的呼吸來幫助自己向腦部的杏仁核傳達「我很安全」的訊息，接著讓前額葉皮質層重新搭上線。家長在此時應該避免試著用邏輯來說服孩子他們的擔心是沒有根據的，因為這樣沒用。

過度或極端

就像我們之前提過的，焦慮兒經常會小題大作，把日常生活中稀鬆平常的事件變成翻天覆地的大事。下列幾個場景是否讓你感到熟悉？

- 怕黑／怕狗／怕獨處／怕考試
- 經常預期最糟的結果
- 擅長從少量的資訊中得出極端的結論
- 因為過度擔心日常事件、自己有沒有睡夠或能不能睡著而失眠
- 想像最糟的狀況並且把情況災難化。

日常工作

前面提到，孩子感到焦慮時，他們會想避開焦慮感的來源，也會想避開任何會迫使他們離開舒適圈的事物。我們要學會了解如何控制焦慮症，本書稍後也會談到要如何幫助焦慮的

孩子變得更勇敢，讓他們邁出步伐，參與各種重要活動、關係與體驗（包括去學校以及和朋友玩樂）。焦慮症的孩子不需要等到自己感覺完全冷靜，才去做重要的事情或好好生活。他們可以學著降低焦慮症在腦袋裡的聲音，並且讓焦慮症乖乖聽話。

焦慮症影響孩子日常行為的例子如下：

- 比起參與活動，較喜歡在一旁觀望
- 不想要上學
- 經常去學校的保健室
- 逃學
- 很難或根本無法坐得住
- 難以專注
- 排斥做學校作業
- 課業表現低落
- 與朋友和其他同儕相處產生問題
- 沒有大哭、發脾氣或別人一直提醒，就沒有辦法完成例行公事
- 相信自己無法把事情做好，或待在家比較安全
- 無法睡飽或吃飽

- 學業遭遇困境
- 避免社交的接觸
- 難以達成合理的要求，例如課業或運動方面。[8]

無論是上述哪一種狀況，讓家長們感到壓力是很正常的；「確診焦慮症」對孩子代表著什麼意義，家長也很難想清楚。讓我們向你保證，當孩子確定患有焦慮疾患時，一條明路已開啟，路上有各種幫助他們控制焦慮症的支持。他們可以了解自己的想法，開始懂得自己的感受，並且了解想法與感受之間的連結，將生命活出絢爛的色彩。

幾種常見的焦慮症

不同種類的焦慮疾患各自有其代表性的病徵與症狀。最常在年輕人身上診斷出的疾患包括：廣泛性焦慮症、分離焦慮症、恐懼症、社交恐懼症、創傷後壓力症候群（簡稱 PTSD）以及強迫症（簡稱 OCD）。最新一版的《DSM-5 精神疾病診斷準則手冊》（Diagnostic and Statistical Manual of Mental Disorders, DSM-5）裡，強迫症被歸類於焦慮症的一種，不過現在又將其拉出來自成一類。現在就讓我們一起來了解這幾種焦慮症。

廣泛性焦慮症

患有廣泛性焦慮症的孩子可能會有焦慮、經常性擔心及恐懼等情緒出現，這些感覺可能會讓孩子難以達成日常任務。逃避行為也是常見的症狀之一，因為面對不確定的事物或涉入新事物時，逃避能夠減低焦慮的感覺。

廣泛性焦慮症會讓孩子無法用一般的角度看待情況或事件的本質；他們的想法常會集中在事件負面的可能性或結果。他們會需要藉由家長或信賴的長輩所給予的肯定來感到安心，告訴他們一切都很好，那些讓他們擔心的事情其實不是什麼大問題，所有猜想會發生的災難也都不會成真。

分離焦慮症

分離焦慮症一般而言在成長時期是很正常的事，大約發生在一歲到一歲半或兩歲期間。很多小孩會經歷難以與家長分別的過程（有些時候則會特別難以與爸媽其中一人分別），特別是在剛開始上幼稚園，甚至剛開始上小學的時候。分離焦慮大部份可以自行消失，但對於某些家庭而言會成為持續不斷的挑戰。

有些孩子害怕當自己與摯愛的親人（通常是父母）分開時，可怕的意外會發生在自己或親人身上。年幼的孩子可能會難以理解家長或其他至親的長輩為何要棄他們而去，也不知道這些親人會不會回來。分離焦慮症就是由這些恐懼累積而成。

有這類型焦慮經驗的孩子在遭遇到離別的時候會感到沮喪，他們會盡一切所能避免分離發生。所以在說再見的時候才會有那些眼淚、哀求、死纏爛打與不情願。

兩歲之後如果在面對離別時依舊非常沮喪，焦慮感也仍然嚴重，就可能被確診為分離焦慮症。[9]

這樣的焦慮感可能會演變成不想去上學、為了逃避分離就開始抱怨肚子痛或想吐、要在朋友家或校外教學時過夜就開始緊張。罹患分離焦慮症的孩子也可能會有嘔吐或腹瀉的症狀。[10]

恐懼症

我們都感受過恐懼。人身安全受到威脅時，自然會感受到恐懼。有時我們會故意讓自己處於害怕和焦慮的狀態下，例如參加高空彈跳或跳傘。在這樣的情況下我們可以體驗恐懼，卻又能理性的選擇要向下跳，因為我們的心裡明白真的會受傷的機率很小，而且來自這種體驗的刺激感將會遠大於一切。

孩子也會做同樣的事；他們會以過度自信的態度挑戰圓弧型的滑板池、會抓起成人不敢觸碰的昆蟲、從懸崖跳進水裡，或信心滿滿的在彈簧床上嘗試新的把戲。上述的某些情況裡，孩子依然可能會感到恐懼，但仍然勇敢一試。

恐懼症卻不同。當孩子有恐懼症時，他們對於特定類型的活動、動物或情境會產生過度誇張且不合理的厭惡感。孩子會深信他們害怕的東西將會對自己的人身安全造成真實且嚴重的威脅。因為對於特定事物、動物或情境產生這樣的預期心理，患有恐懼症的孩子會經歷極度的焦慮，且拚了命要逃避與這些事物接觸的機會。這可能會造成某些孩子恐慌發作，恐慌是一種短期的極度焦慮狀態。

兒童身上常見的恐懼症有：

- 害怕狗或鳥等動物
- 害怕昆蟲或蜘蛛
- 害怕黑暗
- 害怕巨大聲響
- 害怕暴風雨
- 害怕小丑、面具，或看起來極度不尋常的人
- 害怕血液
- 害怕疾病
- 害怕打針

社交恐懼症

患有社交恐懼症的孩子對於任何種類的社交場合都會感到不安；他們的核心行為模式就是逃避。社交恐懼的孩子會擔心他人對自身的眼光與評價。他們很怕讓自己出糗，同時也害怕被他人拒絕，或者遭人評價為愚笨、醜陋或奇怪。

社交恐懼的孩子也想要社交，但焦慮症使得他們無法與朋友出去玩，更不要說是交新朋友、成為大家關注的焦點，或在公共場合表演。

有社交恐懼症的孩子必須要待在舒適圈內，才能緩解自己的焦慮感。社交恐懼症的病徵與症狀包含避免他人接觸、與他人接觸時（例如社交場合）感到沮喪。在同樣的社交情境下（例如上台報告，或認識新朋友），其他孩子感覺還好，但有社交恐懼症的孩子卻非常不安。女孩比男孩更容易罹患社交恐懼症，而社交恐懼症的平均發病年齡為十四點五歲。[11]

強迫症

在你關掉熨斗、電暖器或爐子後，是否會再三檢查呢？或許你睡覺前，明知門窗已經鎖好了，還是再次檢查。又或者到機場的時候，在走到登機門的路上數度檢查登機證是不是有在包包裡面。

相信大家一定都有類似經驗。再做一次檢查，我們就會感覺很安心，一切都按照計劃走，腦袋裡面那個惱人的小聲音也會停止叨唸。而「再做一次檢查」的原因，很可能是我們第一次關掉電器、第一次鎖門或確認票券時，大腦正在放空。

強迫行為包括重複確認、排列物品以及洗手，都是強迫症的幾種症狀。我們從強迫症的全名Obsessive-Compulsive Disorder中，可以看出症狀其實分為兩種類型：強迫思考（obsessions）以及強迫行為（compulsions）。

強迫思考的定義是：反覆出現且執著的想法，還有討厭且侵入性的衝動與渴望，讓強迫症患者感到極大的痛苦。強迫行為包括重複性的行為與心智活動，患者會認為自己必須嚴格遵守某些規則來行動，例如：重複洗手、排列物品、檢查、計算、祈禱，無聲的重複某個字眼或再三告訴家長同一件重複的事。強迫性行為的出現，是為了要反制或中和強迫性思考，並且減輕焦慮感。[12]在青少年身上常見的強迫性思考包括：

- 害怕細菌
- 暴力的想法，包括傷害自己或心愛的人
- 幻想駭人或低俗的場景
- 害怕將來會做錯事
- 害怕已經做錯了什麼事
- 自我否定

・需要物品呈現規律的方式擺放，甚至要求對稱[13]

常見的強迫性行為包括：

・檢查
・計算
・洗手、重複做同一件事來確保成果達到「完美」
・確保步伐、電燈開關次數以及手把轉動的次數都要相同
・為了獲得慰藉不斷提問
・告解自己的想法
・收集或囤積物品
・以特定的順序或次數觸摸物品
・保持嚴格的作息時間

囤積癖是常見的兒童強迫症病徵，發生在女孩身上的機率較高。孩子也可能會聽到腦中有聲音，要求他們並須進行儀式性的行為或其他強迫性行為。他們也可能會猶豫不決、在日常活動中變得異常緩慢。在強迫行為完成後，也會感到前所未有的放鬆感。[14]

當強迫行為與思考造成下列現象時，就會被確診為強迫症：

- 造成不開心或苦惱的情緒
- 影響到日常生活機能與一般活動的參與
- 佔據患者大部分的時間
- 造成正常生活作息的混亂
- 影響家庭關係

青少年強迫症的好發期平均在七歲半到十二歲半之間。兒童強迫症患者的男女比為三比二，而年紀稍長的青少年患者，女性人數則稍微多於男性。[15] 就像其他種類的焦慮症，強迫症可以治療。有強迫症的孩子能夠學著去了解並控制症狀，進而活出豐富且繽紛的人生。

校園裡的焦慮症

很多焦慮兒會覺得上學好難。在學期中，焦慮症狀會更加頻繁且折騰人。所以當假期快要結束，焦慮兒想到返校的日子即將來臨，熟悉的焦慮感就開始產生。

以下是幾種在學校裡應留意的症狀，如果出現可能代表孩子正處於焦慮的狀態：

・難以專注
・頻繁出入保健室
・經常受影響然後分心
・完美主義者
・因為粗心而犯錯
・浮躁、坐不住
・班級活動的參與度減少
・精力過剩．東摸西摸
・過於強調細節
・避免成為焦點
・被點名回答問題時直接呆住

對焦慮兒來說，雖然學校的作息時間表算是某種程度的確定感，但是在學校到底會發生什麼事，都還是未知數。教室裡，焦慮兒需要面對一系列挑戰，例如：同儕的行為、老師出其不意的問題、作業的複雜程度，以及自己身處的環境。佈滿許多裝飾的教室可能會影響某些孩子的專注力和學習力，進而引發焦慮感。

教室外也有不確定感在等著他們。焦慮兒可能會受到成群的同學、噪音以及無預警的社交互動等不同因素所影響。要找到有安靜空間能讓孩子喘口氣的學校，還真是少之又少。

有位小學裡的護士發現，焦慮兒喜歡來醫護室躲避吵雜的校園人群，她溫柔親切的稱呼這些孩子為她的「常客」，而且總是提供孩子們可以休息的地方。她知道，焦慮兒需要在學校裡有一個感覺放鬆的地方，讓他們的神經系統可以稍微冷靜下來。

第三篇

教養焦慮兒

想要長期控制並減少焦慮症的影響，兒童與青少年需要有工具和技巧，以便掌握自己的身心靈狀態。本篇當中會探討，什麼樣的教養風格，最適合賦予孩子工具和技巧。我們必須要再次強調，能夠幫助孩子控制焦慮感的最佳人選，就是家長。換句話說，家長對於焦慮的生理學必須擁有一定程度的了解，才能將關鍵的知識傳授給孩子。這樣的知識也會幫助家長，讓他們有自信來處理孩子焦慮的情緒與擔心。當家長們感受到壓力，或者孩子們開始變得焦慮，這兩種情況下家長都必須要小心處理自身投射出來的情緒。當家長欲建立有效的回應方式，同時控制孩子的壓力指數時，上述的自覺就成為了一切的先決條件。

我們堅信，應該要讓兒童與青少年勇於面對日常生活中的各種挑戰與期待，而不是把孩子藏起來。過程中孩子們可以出現焦慮感，但焦慮感絕對不該拿來當藉口，從此不參加一般日常活動。**教養焦慮兒的時候，核心精神在於培養「真正的獨立與心理韌性」**。這兩項特質不但能夠幫助孩子有效進行日常生活，而且可讓焦慮感隨著時間逐漸降低。在本書的這個部分，我們將會告訴你如何幫助孩子發展獨立和心理韌性。

第5章 樹立榜樣

家裡的孩子確診為焦慮兒時，家長如何回應孩子的焦慮感，將會演變成兩種截然不同的結果：幫助孩子發展自我控制力，或者妨礙孩子。關鍵從來都不是要「醫好焦慮症」，而是協助孩子認識自己的焦慮感，了解其背後的原理，最後擁有能力可以管控焦慮（讓焦慮症淡化成背景），繼續過著自己的人生。

那麼，你是如何回應孩子的焦慮呢？你會冷靜且有方法的解決問題，還是他們的焦慮激怒了你，讓你變得緊繃？這章我們會一起來了解，當孩子焦慮時，家長應該如何給予適切的回應，並且探討樹立榜樣對於孩子的影響。

樹立榜樣的影響力

孩子的本能就是模仿。他們會模仿我們說話、動作，甚至是態度。不妨花點時間跟兩歲的小朋友相處一下，馬上就會讓你想起，模仿其實是孩子最原始的學習模式。

不只是兩歲小孩會透過模仿來學習。所有年齡層的孩子都會仔細的觀察家長與身邊其他人的各種行為。兒童與青少年往往與父母的距離最近。他們會目睹許多家長最開心的時刻，看見了我們最佳的狀態。於此同時，他們也會目睹家長生活不如意的時候，看見我們在壓力之下的面貌。更重要的是，**他們也會從旁觀察我們如何處理人生中的大小事**：看見我們是用何種態度來對待至親之人，遇到困難時又是用何種方式處理。無論我們選擇逃避問題，或者深吸一口氣正面迎擊挑戰，孩子都看在眼裡。從這些事情孩子會學到非常重要的人生課題。尤其是家長在壓力下的表現，將會大大影響孩子。成人的行為伴隨著高漲的情緒，通常都會成為孩子記憶裡最深刻的回憶。如果我們曾經把事件災難化，或者小題大作，那麼有很大的可能性，孩子會視小題大作為一種普通的反應機制。當我們用理性且冷靜的回應來處理困難的情況時，我們就能告訴孩子如何用相同的方法來回應困難。

麥可的故事

有次我與朋友及家人相處時，想要拍張全體大合照。這時，朋友十三歲的男孩不太想拍照。我調皮的一個擒拿，把他的頭鎖在我的腋下，好意將他拉進畫面裡一起合照。拍完照，我們大家還對此事笑鬧了一番。正當我暗自竊喜，自己贏得了一個男孩的尊敬，兩分鐘之內事情完全變了調。男孩把弟弟的頭夾在腋下，接著把弟弟壓在地上，死活不肯放手。男孩的爸爸大叫著要他停手，但他根本聽不進去。最後在爸爸一些激烈的肢體介入後，整場摔角活動才告一段落。前面和諧的氣氛現在全部消失了，取而代之的是家長與孩子的怒氣與憤恨。我實在不應該頑皮地將男孩鎖在我的腋下。雖然我的用意是玩笑，但我的行為使小男孩仿效，讓他對自己的弟弟做出同樣的行為。

我展現的鎖頭技，本意是玩笑，但小男孩的鎖頭技則不同，他的行為是出自於惡意，把他弟弟壓在地上打；儘管出發點不同，仍然改變不了這個事實——我的行為讓他覺得自己可以這樣做。

家長不僅能夠透過樹立榜樣來教孩子如何人處事，我們的個人行為也等於允許孩子「做出和我們一樣的事」。其實，我們無時不刻都在透過自身的行為給予孩子這種許可。當我們過度反應、小題大作或找藉口時，我們正在允許孩子做同樣的事（隱性地允許孩子這樣做）。我們不會直接對著孩子說：「你可以直接跳到結論然後感覺世界要毀滅了。來嘛沒關係，用你的牢騷把自己煩死吧！」但是，我們的行動永遠比話語還要有力。

善用身教的力量

相反的，當我們做出冷靜、理智且思慮周到的行為時，我們也等於允許孩子做出相同的事。我們的行為讓孩子知道：他們可以控制自己的想法，不讓情緒來控制他們。這就是為什麼樹立榜樣是形塑孩子行為的有力工具。

當孩子將家長當成值得尊敬的對象，此時家長的榜樣效果會發生更大的影響力。尤其是在童年的早期和中期，家長在孩子人生中的影響力是最強的，同時也代表家長所樹立的榜樣對於這個年紀的小孩影響最為深遠。

當你知道，原來自己的行為是在「發給孩子許可證，允許孩子做同樣事情」，心裡可能會有恐怖的感覺。其實也別緊張，一般的成人，尤其是父母，都必須注意自己的言行舉止，尤其是孩子在身旁的時候。我們做任何事前都必須要經過大腦，並且注意自己的一舉一動。

展現正面行為

為了幫助孩子優化控制焦慮感的過程，家長可以展現以下三個種類的行為。第一，是家長自己採用同理心（而非情緒化）來回應充滿壓力的狀況；第二，當生活中遇到困難時，家長可以使用健康的技巧去應對；第三，為了降低焦慮與焦慮帶來的影響，家長必須養成健康的生活方式。

1. 用同理心來回應壓力

試著回想，當孩子因為發生在身上的遭遇，心情沮喪，跑來找你的時候。或許是受到老師不公平的對待，或者教練在全隊面前叫他下場，或者同學之間搞小團體被排擠的時候。無論是哪種情況，你都會因為孩子經歷的事感到生氣，甚至覺得需要幫孩子出一口氣報復。接著想想你之後的行動。你的反應是生氣嗎？還是心軟因此介入處理，把孩子從這個困難的情況解救出來？或者你搞不清楚焦點，反而忽略了孩子情緒上的需求？又或者，你試著深呼吸，保持冷靜然後給自己一個機會把事情全部想過一遍？讓我們一起深入探究這四個方法。如果我們想要幫助孩子優化控制焦慮與擔心的技巧，下列何者是最適當的反應呢？

情緒化反應：看到自己的孩子受欺負的時候，出現情緒化的反應是全世界最自然的事。當問題浮現時，我們的本能就是想快速的解決它，有點類似戰或逃的反應。當我們做出情緒化反應時，並不會多加思考，反而會過度反應、誇大情況或一直做出最壞的打算。人們產生情緒化反應的時候，通常做出未來會後悔的決定。雖然現場立即反應可能會讓他們在當下得到情緒抒發，但並不會達到最理想的結果。

心軟的反應：假設孩子對於明天要去學校感到焦慮，原因是明天的考試沒有準備。他們很煩躁，責怪老師沒給他們足夠的時間準備。「超級不公平的欸。反正我考了也不會及格，去學校根本就是浪費我的時間。老師還會因此更討厭我。」他們會開始強調「不公平」跟「老師討厭我」，這兩件事會引發你的罪惡感。雖然心裡清楚孩子應該要去上學，但你強硬的立場依舊開始動搖，所以你就讓他們請假不去上課……「只能請這一次喔。」

你把孩子「救了下來」，讓他免於承擔後果，就事件發展的情況來說，他們看起來輕鬆了不少，因為他們突然冷靜下來了。是的，將孩子從讓他們感到焦慮的狀況中救出來，無論這樣的焦慮是真是假，都是最容易的解決法。但是從長遠的角度來看，孩子學到的是：若情況讓他們沮喪，則逃避就是最好的解決方法。寧可逃避，也不想要忍受嘗試可能會帶來的挫折感；搞不好考試或其他孩子不喜歡的狀況，根本沒有他們想的那麼糟。

轉移焦點的反應：「老爸，教練不讓我踢中鋒啦。他一直讓我踢後衛，可是我在那個位置踢得超爛欸。」

「小子，教練叫你踢哪裡就踢哪裡。他會讓你踢後衛一定有他的原因啊。」

「還真是謝囉老爸，你有講跟沒有講一樣！」男孩往自己臥室的方向衝去，重重的把門摔上。

這位父親將焦點擺在兒子的行為上，卻忘了顧慮孩子的情緒。事實上，他將自己的注意力從兒子即時的情緒需求上面移除，並專注於另外一件事上，那就是融入團隊。當孩子沮喪、有壓力或焦慮的時候，他們會把眼界縮小到只剩自己，要他們不自私，真的太難了。

針對需求的反應：我們把上述的情境劇倒帶再重播一遍，但是這次，我們來看看當父親將注意力放在滿足兒子的情緒需求上時，會發生什麼變化。

「老爸，教練不讓我打中鋒啦。他一直讓我打後衛，可是我在那個位置打得超爛欸。」

「兒子，聽你說完之後，我覺得你好像很在意這件事。」

「對呀，我現在超討厭足球。因為我都踢不到球。」

「那這是因為你踢的位置，或者只是因為你最近運氣比較差？」

「哇啊災。都沒有人要傳球給我……」

當爸爸採用同理心的方法進行對話，並將注意力集中在孩子的情緒上，整段對話就開始往完全不一樣的方向展開。這個爸爸所使用的回話方式能夠滿足孩子的需求——尋求理解。接著爸爸就能把對話導向兒子，讓兒子敞開心房，開始討論真正困擾他的點是什麼。

上述的例子，是針對家長處理孩子的壓力與擔心。但家長面對自身壓力或焦慮時若有孩子在場，我們就要更加小心的處理自己的情緒。如果我們太過於情緒化，如果我們逃避困難的情況或者忽略自身的感受然後假裝若無其事，我們就是在讓孩子知道他們可以用一樣的方式面對問題。我們希望孩子在壓力爆表或焦慮時，能夠理智且沉穩的做出回應。我們也希望孩子能夠稍微後退一步，深呼吸，讓他們的杏仁核冷靜一下再做出回應。

2. 用健康的技巧面對困難

身為家長，好的、壞的還有醜的通通都會被攤開來檢視。這些東西是瞞不過孩子的。如果你是個悲觀主義者、做事不會三思而後行的人、容易緊張、杯弓蛇影的人，孩子都會發現。反之，在我們用冷靜與泰然的態度處理本來應該造成焦慮的場面，孩子也看在眼裡。基於這個理由，我們應該多用健康的方法解決困境，兒童和青少年才能看見成人是如何用健康的方式調適煩惱與困境。

以下是幾種控制壓力的健康方式，你可以以身作則，示範給孩子看。

制止自己過度思慮：說也奇怪，雖然我們知道擔心沒用，但我們面對困境時還是會不自主的擔心，原因是我們誤以為只要我有在擔心，那麼「事物仍在自己的掌握之中」。當你發現自己正對於未來的事件過度思慮，你可以問問自己：「現在這樣的胡思亂想會幫助我解決問題嗎。」如果不會，那麼試著改變想法，思考更有用的事情，例如在腦海裡預演一次成功解決這個情況的方法。

煩惱時，挑戰你的思想：大部分有廣泛焦慮症經驗的人，會經歷以下兩種狀況：高估壞事發生的可能性，或是低估自身調適問題的能力。一件事可能會演變成「大災難」，或者他們會「緊張到崩潰」。你可以挑戰自己這些焦慮的念頭，質疑它們的可能性。「這個情況發生的可能性到底有多高？」回想過去那些能夠證明自己足以解決問題的經歷。

運動：運動是一種調適焦慮感的方法。當你感覺焦慮感要將你吞噬時，試著伸展手腳，例如出門快走、跟小朋友玩或去健身房。與孩子聊聊自己為什麼開始運動，讓他們知道運動為你帶來的正面影響。

轉移注意力：當思緒陷入煩惱的迴圈，似乎只會讓煩惱變的更嚴重；與其這樣，不如做些別的事情，讓大腦先暫時忘掉這些事情。玩個桌遊、看個電視、打個電動或是出門散心——藉由做別的事來轉移自己的注意力。藉此展現給孩子知道，分心是一個健康的事，通常也能夠讓看事情的角度變得更客觀。轉移注意力同時也能讓你避免過度檢視尚未發生的事件，把事件過份誇大。

放鬆：當你處於焦慮狀態，身體就會受到高強度的刺激，此時很難放鬆和冷靜。你可能會坐不住，會忍不住一直抖腳，或者摸東摸西停不下來。這些動作都會讓放鬆變得困難，雖然放鬆或許是最能夠幫助你的方法。如果是這樣的話，可以嘗試一些小技巧，像是專注力訓練或是漸進式肌肉鬆弛法（見十一章）來幫助降低心裡的噪音，保持冷靜。

當你因為焦慮而設法放鬆時，可以這樣告訴孩子：

「我現在覺得很焦慮，我不太確定原因，但反正也不重要了。我要暫停一下，做五個腹式呼吸法，這個方法對我總是很有效。」

「目前我沒辦法回應你，因為我現在正在填這個線上表格，而且我填到有點氣餒。所以我要去外面散步五分鐘，呼吸一下新鮮空氣然後再回來再試試看填表。等下我回到家，填完表格就來找你好嗎？」

「我一直忍不住想到明天上班要做的報告，覺得很緊張。現在我要去客廳做一下專注力練習來把我的思緒拉回現在。」

「我們要去渡假的行李還有好多要整理。我要花個幾分鐘來感覺所有聽到的聲音，這樣做會讓我更專注，集中在我需要做的事情上。然後我就要去列一張清單，一次做一件事來確保我們需要的東西都有帶到。」

3. 採用健康的生活方式

心理師安德魯．富勒（Andrew Fuller）指出，家長的工作就是要負責教孩子怎麼樣把生活過好。這是一個很棒的說法。同時也提醒我們，孩子不僅會模仿家長的言語和態度，生活方式也會。健康的生活方式包括良好的心理和生理健康習慣。舉凡睡覺、運動，酒精攝取以及如何體諒他人等因素，都會影響心理健康和焦慮感，有助減少焦慮，加強孩子過著快樂生活的能力，就算憂鬱症浮現也是一樣。說到這裡，我們還是要提醒，兒童與青少年一般都會以家長為榜樣，所以請再三思索自己能用什麼樣的生活方式來讓孩子作為參考。

第6章 回應孩子焦慮的時刻

上一個章節裡，我們討論到家長若能樹立榜樣，將會影響孩子在控制焦慮時所選擇的策略。我們也談到了四種家長常有的回應—情緒化、心軟、轉移焦點、針對需求。本章中我們要更深入的了解，當孩子正處於嚴重焦慮的時候，身為家長可以如何做出有效的回應，才會讓孩子感覺需求受到傾聽與理解。家長們也能在幫助孩子保持冷靜時，透過這些方法感受到顯著的成效，避免手足無措或驚慌。

我們會介紹兩種不同系統，可以自由搭配使用。第一種是「清醒（SOBER）系統」，重點在家長能夠如何有效因應挑戰。第二種是「焦慮應變計劃」，告訴家長如何應對焦慮兒。

面對危機，我們都應該保持清醒（英文叫 sober），對吧？

焦慮會傳染，在回應焦慮的孩子時，我們很容易就變得很有壓力，很擔心。當自己處於焦慮中，就很難把注意力集中在眼前的事，因為焦慮影響了我們的決策。此時就需要「清醒系統」了，它的五個步驟很容易記憶：[1]

S Stop 暫停

O Observe 觀察

B Breathe 呼吸
E Expand 延伸
R Respond 回應

清醒系統步驟一：暫停（Stop）

在養育孩子的過程中，很多時候父母都必須呈現多工的狀態。一個普通的夜晚有晚餐要煮、有孩子的功課要聽、有時候還得幫忙寫作業。同時間還有洗好的衣服要晾、水電帳單要繳、電子郵件要回，有時還要帶孩子去上音樂課，順便聽他們分享一整天下來生活中的小故事。上述許多家務都得同時間完成。有時不免覺得，就算有一整天來完成這些事也根本就不夠。

我們要說的是，「多工狀態」其實是個誤稱。其實，同時間做兩件需要高強度思考的任務，是不可能的。這些事情其實是快速連續發生，所以我們才會感覺兩件事情像是同時發生。這種情況有點像是你在電腦上打開兩個網頁然後快速切換那樣。

回到教養焦慮兒的過程中，孩子出現焦慮時需要你全部的專注力。只要提供全心的關注給孩子，你就等於站在一個有利的地位，可以使用本書的知識來有效回應孩子的需求。在孩子需要你的當下，其實你並不一定要立刻放下手邊的東西；你也可以向孩子解釋，你正在處理某件事，但完成後會馬上來到他們的身邊。這樣一來，當你有空去陪他們的時候，就容易進入當下並專心傾聽。多工會增加壓力，而說實在的，你的壓力已經夠大了。

清醒系統步驟二：觀察（Observe）

透過觀察，可以了解究竟發生什麼事。當個觀察者。觀察情況的本質。說來簡單，但做起來並不容易。孩子在當下的行為是什麼？這些行為又告訴你什麼訊息？這個情境發生在你眼前時，你又在想些什麼？這樣的事情重複發生是否讓你感到厭煩？你會不會覺得不耐煩，想要跳進去幫忙讓整件事趕快結束？或者看著孩子受苦也讓你感到一陣難受？在這些情況發生時，要在心理上達到退一步思考並觀察其實需要時間練習。請務必給自己一些耐心和時間。

清醒系統步驟三：呼吸（Breathe）

想要身體放鬆下來，有一件可以做的事，那就是又深又緩慢的呼吸；透過呼吸，「戰或逃」反應也能夠獲得緩和。花一小段時間做幾次深呼吸，能夠讓你穩住自己的壓力和焦慮感，這樣你就能讓自己的心智處在好的狀態，更能沉著的面對接下來要發生的事情。

清醒系統步驟四：延伸（Expand）

接下來的這個步驟，是希望你能將注意力延伸進入「等下會出現的可能性」。你在哪裡？接下來會發生什麼事？你是否站在最好的位置上，用你預期的方式給出回應？如果你開會已經要遲到了，焦慮感也開始浮現，你要用什麼方式回應，大家才能一起向前進步，而非重蹈覆轍，離不開逃避與安撫的習慣？你又有哪些選擇呢？

清醒系統步驟五：回應（Respond）

家長在回應焦慮兒時，說出口的第一句話必須是認可他們的需求。這是你向他們說：「我懂你」的機會。

嬰兒會透過哭鬧讓家長知道他們有需求。有些嬰兒的需求可以預測，所以更容易被發現：吃飯、玩樂、睡覺，中間出現幾次換尿布。他們的哭聲其實是想表達一種訊息：「我餓了」、「我累了」、「我不舒服」或「我需要抱抱」。同理可證，對於焦慮兒來說，他們的行為是一種向家長傳達的訊息。

孩子可能會感到沮喪、生氣、想哭或積極想要分享他們的煩惱，或者想要逃避焦慮情境。

上述所有的行為都是一種焦慮的信號，而他們最需要的就是你發現他們的需求，然後跟他們溝通，告訴他們發出的訊息已經由你接收了。以下是一些你可以說的話：

「你看起來好像對於去參加派對很緊張。」

「謝謝你告訴我你對考試感到很緊張。我了解了。」

「喔，我懂了，你覺得沒有收到回覆的簡訊，是因為你做錯什麼事了。」

「我明白了。」

上述所有的回應都是用同理心回應的例子。

知名作家布芮妮·布朗博士解釋，同理心是與他人感同身受。靠著挖掘自身相同的情感，讓他人知道你了解他們，因為你也曾有過相同的感受（但要避免將對話轉向自己身上）。

焦慮兒需要從家長身上得到的正是同理心。如果你不太確定在那樣的當下你可以對孩子說什麼，可以簡單的用這句話開頭：「你願意跟我說，我很高興。」

當你面對孩子的焦慮感時，還要隨時記得把這些思考的技巧變成實際的動作，這可能需要你花點時間練習。但完全沒關係，你是個凡人，而這些情況通常會讓人沮喪又有壓力。不過這一切會漸漸變得越來越自然，因為每次你在練習使用清醒系統時，都在重新訓練大腦以這種有效的方法產生回應。

長遠的目標

最重要的，就是把最重要的事放在心上。

——日本禪師 鈴木俊隆（Suzuki Roshi）

我們無法預測孩子的焦慮感何時會出現，它可能會在你最分身乏術時忽然浮現。對於焦慮的孩子而言，他們腦內「戰或逃」反應中的「逃」正在作用。離開家前往特定的場所，會引起他們內建的警鈴大作。此時「逃避」，感覺起來像是最安全的選項。

焦慮兒的大腦經常太努力要讓他們避開危險，以至於孩子往往見樹不見林。他們的眼光會變得非常侷限於某些焦點上，讓他們無法看見真正重要的事物。

莎拉的故事

莎拉十五歲時，找到一份在家附近烘焙坊打工的機會。她夢想在中學畢業後與死黨環遊歐洲，於是莎拉很積極上班，也存下了一半打工賺來的錢。

莎拉十二歲時確診焦慮症。身為一個積極的年輕人，莎拉透過每天冥想與規律的運動來控制自己的焦慮。但是，隨著日子一年一年過去，學校與社交壓力遽增，她開始發現每天早上越來越不想起床，也不想去烘焙坊工作了。

莎拉的父母當時並不知道自己的作法，將會徹底扭轉莎拉想辭職的念頭。他們提醒莎拉當初找打工的初衷，又告訴她去國外探險是一件多好玩的事。透過這些動作，莎拉的父母成功點燃了莎拉繼續工作的意願，他們經常提醒莎拉，這個打工屬於遠大夢想的一部分。

父母也帶莎拉到旅行社索取各式各樣的旅遊資訊，讓莎拉可以把想去的國家風景明信片貼滿整個臥室。這樣一來，漂亮的圖片就能經常提醒莎拉要繼續往她的目標前進，不讓焦慮症阻礙她的計劃。

預先規劃你的回應

當孩子處於緊張的狀態，或者情緒激動過度換氣的時候，如果家長能夠先準備好因應的對策，那麼將會很有幫助。稍後會用表格的方式，列出一些絕佳的方法，可以安撫因為擔心過度而不知所措的孩子。

察覺

或許最難的環節就是發現孩子的焦慮或慌張。如果你知道什麼樣的情況可能會引起孩子的焦慮發作，會是很大的助力。如果在學校學習新的科目或專題曾經引發孩子焦慮的原因，那麼孩子在學期剛開始時不想上學，就不會是件意外的事。如果你能掌握孩子的焦慮通常以哪種形式出現，也很有幫助，例如：生氣、眼淚、逃避、鬱鬱寡歡等好幾個可能發生的行為。有時候，你也可能忙到錯過那些明顯的病徵。又或者，曾有焦慮經驗的孩子可能會讓你措手不及：孩子對以前從來不曾擔心的狀況第一次感到焦慮。當你逐漸習慣和孩子處於一樣的頻道時，就容易察覺到病徵。

認可

孩子在焦慮時最渴望的就是旁人的理解。你不需要解決他們的問題，但你必須要表現出自己了解他們的焦慮。「喔」是一個很棒的表達句式，你可以讓孩子知道，你認同他們的感受。透過複誦你所聽到的話語，可以展現出自己正在聆聽且試著理解。同時我們也能用這種很棒的方式，來幫助孩子發展更加準確的情緒詞彙。

「喔，你現在正感到焦慮……」

「喔，你是不是正在想類似『我可能又搞砸了』的情境……」

「喔，你是不是因為事情沒有解決而感到失望……」

呼吸

前面提過，為了避免自己在孩子焦慮時跟著受到影響，你應該要做幾次深呼吸。我們誠摯的建議你應該鼓勵孩子一起深呼吸。如果他們熟悉深呼吸的技巧，那麼就可以悄悄提醒他們大口呼吸幾次。如果深呼吸對他們來講是全新的技巧，或孩子真的無法冷靜，那麼你可以建議孩子：「來吧，我們來一起大口呼吸三次。」然後陪他們一起深呼吸。

注意力

一個恐慌症發作的孩子，或是任何讓焦慮感弄得手足無措的人，會將想法固執地放在未來的事件上，擔心任何還沒有發生的事件或情況。此時可以透過他們的感官，例如觸覺、聽覺、視覺或感覺，把他們的注意力引導回當下。

行動

兒童或青少年冷靜下來之後，引導他們做出必要的行動。如果是學校考試引發的焦慮，那麼幫助你的孩子擬定一個考試作戰計劃，讓他們盡力的面對考試。從旁指導他們最佳的準備方法。提醒他們只要盡力就好，無論結果如何你都會欣然接受。竭自己所能來緩解這個情形所帶來的內在與外在壓力，但是不要容許孩子將逃避視為一種選項。

焦慮應變計劃

1. 察覺孩子的焦慮感	察覺	・了解觸發事件。例如：即將到來的考試、上台演講、認識新朋友 ・知道焦慮用什麼方式出現。例如：怒氣、眼淚、逃避行為
2. 認同他們的感受	認同	・使用發語詞「我懂」 ・將你的反應與孩子的心情同步 ・讓孩子建立能夠適當敘述心理狀態的字彙
3. 引導深長且緩慢的呼吸	呼吸	・提醒孩子要呼吸。例如：「我們一起大口呼吸三次。」
4. 將他們的注意力拉回當下	注意力	・使用感官來轉移他們的注意力。例如：「你可以看到、聽到和摸到什麼？」 ・讓他們有機會動一動例如：專心的走路

5.引導他們開始做出必要的行動
行動
・提醒他們什麼才是重要的。例如：課業的成功、與朋友玩樂、享受體育活動。 ・重新投入在導向成功的行動裡

忍受不適感

「忍受不適」雖然並非焦慮應變計劃中非常重要的步驟，但是可以鼓勵孩子忍受焦慮帶來的不適感，但此時必須要結合「認可」步驟合併使用，讓孩子知道你對於他們當下所經歷的焦慮有認同的感覺。

孩子無時不刻都在忍受不適的感覺，他們只是沒有發現而已。忍受不適感是一種技巧。可以把這個過程想成是「透過重量訓練讓肌肉變強壯」。每次孩子成功的忍受了不適感，就表示他們增強了自己忍受的能力，同時強化他們的認知，讓他們更加確信自己能夠毫髮無傷的挺過考驗。

將感受說出口，還有忍受這種感覺所帶來的不適感，能夠幫助孩子更快的渡過這種感受，比他們採取逃避的方法因應還要來的快上許多。

忍受不適感是一種意願，孩子必須願意忍受不舒服或情緒上痛苦的感受。可以練習的機會很豐富，例如在下列的這些情況，當孩子：

- 感覺飢餓、口渴
- 想要卻得不到的東西、玩電子產品的時間結束了
- 必須幫忙家務
- 錯失工作面試的機會
- 邀請心儀對象出去約會
- 沒有收到派對邀請

忍受不適感並不是硬撐過去。這個練習其實是要教導焦慮兒發現自己的感受，說出自己的情緒，接著練習接受他們在當下的感受。在做這些練習時，都必須要讓孩子知道，他們目前所感受到的都是暫時的，而且他們溫暖且慈愛的父母會提供最有愛的協助。做幾次忍受不適的訓練，搭配上針對適應行為所給予的社會獎勵（例如讚美的話語或一起做好玩的事），家長將能幫助孩子加強有效的適應技巧。

透過「社會故事敘述法」降低焦慮感

天生就容易焦慮的孩子，都會討厭變化，也會在面對新的事件、新的社會環境與新的人群時感到不舒服。當新學期快開始時，他們會變得有點煩躁不安，因為他們即將換老師、交新朋友或可能要移動到校園中不同的區域，必須重新適應一次。又或者，你會發現孩子在課前最後一秒找藉口不要去上爵士芭蕾課，因為當上課的日期越來越近，最初的期待被緊張和壓力取代。當兒童或青少年感覺脆弱，或者生活過於繁忙時，不安與不確定感會大大的提升。

避免最後一秒出現焦慮感的最佳方法，就是提供焦慮兒關於事物的詳細資訊，而且越多越好，幫他們對未來的事件提前做好準備。我們推薦你養成這個習慣：逐步向孩子解釋新的狀況，幫助他們感到安心，一切都在他們的掌握之中。盡你所能的將情景描述的越生動越好，同時丟問題給他們，問他們面對新的情況預備如何面對。「自閉譜系症機構」（Spectrum Journeys）是一個專門協助自閉症孩童家長的機構，創辦人凱特．強森稱這種方式為「社會故事敘述法」。強森相信，對於患有自閉譜系症的孩子來說，要有效的發揮日常生活作息，家長與老師必須首先幫助孩子控制焦慮感。「社會故事敘述法」是一種協助自閉兒掌握新環境與事件的有力方法。不僅是患有自閉譜系症的孩子適用這個方法。任何有焦慮經驗的人，透過慈祥的成人用從容的方式逐步解釋新環境或事件都能夠獲益。以下是一個例子：

亞歷，你去參加諾亞家的派對時，你知道派對上會有你不認識的孩子。你需要先做好準備。或許你能想想，當你遇到新朋友時可以說些什麼。我會帶你去派對，但是我只會待幾分鐘，直到你融入派對，然後我就要離開了。你也要做好心理準備。好嗎？你認識諾亞的媽媽，所以如果你想要休息一下的話，可以去找她。派對上可能還會玩一些遊戲。你可能不想參加所有的遊戲，但我想你應該至少玩一個遊戲。好嗎？你可以在去之前想想自己可能會參加哪一個遊戲。記得喔，爸爸會來接你，會去屋子裡找你。好嗎？如果爸爸沒有準時到，請你在屋子裡稍等一下喔，他可能因為塞車耽誤了。

準備好減輕負擔

許多有焦慮經驗的孩子都是非常努力，渴望獲得良好表現的學生。對於年輕人來說，將行程塞滿各種困難的學習任務與活動，很容易就會讓他們累垮。踢足球？好啊。打工？沒問題。學校戲劇演出？幹嘛不參加。慈善路跑？一定要去啊。當孩子或年輕人被拉到最緊繃的狀態時，通常只要多一個額外的活動、一次小病、校內成績掉了一點，他們的焦慮感就準備要引爆了。此時身邊的一切都會瞬間讓他們覺得焦慮。並不是上述的任何活動造成孩子的壓力，而是所有活動加總起來的工作量，讓一切看起來都是壓力的來源。

這個時候，最理想的就是家長能夠協助找出減輕工作量的方法。幫助孩子重新配置他們的行程，討論他們需要捨棄或暫停哪些活動。或者也可以考慮減少孩子的自主程度，增加你對日常事物提供的幫助。同時也可以考慮減少孩子做家務的時間，試著提供孩子放鬆的時間來避免他們負擔過重，因為負擔過重也經常是造成焦慮很大的原因之一。

還想叮嚀一句

焦慮兒經常需要別人幫忙，才有辦法在心理上達到放鬆，並且用更廣闊的視野看待事物。他們需要有人幫助才能看見事物的本質，而不是透過被焦慮蒙蔽的眼光看待事件。當你對於當下發生在焦慮兒身上的事件有了更清晰的理解，你的工作就是要思考究竟是什麼阻礙了孩子向前進，幫助孩子減輕負擔，鼓勵他們一次一小步的擁抱生活。

第7章 培養孩子堅強的心理韌性

心理韌性與獨立性是目前非常熱門的關鍵字。這些名詞在網路上的解釋如此豐富，反而失去了他們原本的意義和重要性。這兩個名詞無法互相替代，但是他們卻與彼此息息相關：這兩個關鍵詞缺一不可。如果孩子對於他人過於依賴，那麼就無法擁有好的心理韌性。同樣的，孩子想要變得獨立就需要足夠的韌性。獲得獨立的路可能崎嶇難行，所以孩子需要韌性與獨立性的陪伴。

韌性有許多解釋。心理學家暨演講者安德魯．富勒將韌性譬喻成「人生中遇到困難時能夠勇敢，放手一搏的能力」。澳洲有名的教養專家卡爾—格雷格（Michael Carr-Gregg）將韌性定義為「一個人能從負面經驗捲土重來的能力」[1]。

韌性有兩種非常不同、但同樣重要的議題：一個聚焦在當下，一個聚焦在未來。兒童與青少年需要當下的能力，以便面對挑戰、沮喪和困難，同時培養力量、技巧和心理堅毅，來面對未來的挑戰與難關。提升心理韌性對於孩子而言，就像是今天花掉一部分的零用錢，然後把一部分存起來，等到有困難再拿出來用。當孩子克服了困難之後，眼前當然後獲得益處，但對未來也有益處，因為他們已經建立了能力，可以幫助自己挑戰未來困境。

透過日常挫折培養心理韌性

歷經了日常生活的挫折與挑戰，會對孩子的心理韌性有很大的幫助。當孩子歷經看似微小的失落感，會幫助他們未來在青少年或年紀更大時面對更大的難關。例如：目前的難關可能是體育課分組沒有選上、生病而錯過同學的生日派對、考試成績不如預期等，長大後要面對的卻可能是環境改變、人際衝突或被拒絕等。

正面面對焦慮（而不是逃避）不僅能夠幫助培養孩子人格，更是焦慮兒建立心理韌性的一種方法。

就培養心理韌性這塊來說，焦慮兒其實比童年無憂無慮的孩子還要來的占上風。因為焦慮的孩子知道「面對恐懼」的經驗，他們了解肚子翻騰、神經緊繃時還必須處理艱難的處境。他們也知道，克服自己的疑慮與恐懼才會得到快樂與解脫。如果家長的個性夠敏感且熟知焦慮症的狀況，也有益於焦慮兒培養一系列的技能，例如認知脫鉤（defusion）、增加情緒商數及專注力等，這些都能讓孩子靈活的面對未來的困難與挑戰，無論是在學業上、工作上或社交場合裡。

排行老二的人擁有最強的心理韌性

第二個孩子通常會比家中其他孩子的韌性更強，但說也奇怪，照理說老大得到了所有的關注、資源與優勢。排行老二的孩子韌性較強的原因，其實有一部分和他們長期居於次位有很大的關係。他們經常獲得較高的自主性，所以提早學會不需要依靠他人也能滿足自己的需求。他們心理韌性強的另外一個因素來自於一個大家經常忽略的點，那就是身為老二，擁有內建的靈活度。大多數的第二胎，生活往往圍繞著第一胎打轉。第一個出生的孩子建立爸媽的生活時程表。老大也會是第一個走路、講話、參與團體遊戲、上幼稚園和小學的人。老大就是開拓者，帶著家長進入每個成長階段體驗「第一次」。於此同時，第二個孩子就像搭便車一樣，學著融入年長手足的生活。在嬰兒時期，老二往往會從午睡中被吵醒，因為父母要去幼稚園接送年長的手足。在幼稚園時，他們可能會跟著爸媽一起去開家長會，或者爸媽為了處理家務而把他們放到安親班。到了小學的年紀，他們可能被要求要一起觀賞哥哥姐姐的第一場演奏會或者運動比賽，甚至是要花無限個小時來看年長手足練習！所以大部分的老二都會本能的學著要適應他人帶來的環境。

老二也會是最有可能先離開家庭去旅行或體驗生活的孩子。而長大成人後，他們更有可能會適應全新且變動的情況。他們同時也比較不會對未來產生焦慮或擔心的情緒，因為他們對於生活通常是採取較為自由放任的態度。這樣的靈活度在學習心理韌性上是很大的優勢。

透過彈性加強心理韌性

彈性，或者靈活度，是我們必須培養給孩子的重要技能，尤其是堅韌的心志。但對於高度焦慮的孩子而言，這件事不容易。許多孩子（尤其是廣泛性焦慮症的孩子）的焦慮來源是「不確定感」和「情況是我無法控制的」，他們常因為不確定自己能否控制某個情況而變得焦慮。所以焦慮兒通常需要有把握，很想避免任何他們不確定的情況。

面對這樣極端渴求確定感的孩子，父母要如何鼓勵他們放下「我一定要掌控情況」的需求，並且面對「擁有適應性而帶來的風險」？關鍵就在於讓焦慮兒盡量暴露在不舒服、可能會失敗的情境裡——這不容易。例如我們都知道，焦慮兒不喜歡驚喜，他們喜歡自己能控制，並且想預先知道接下來會發生什麼事。所以細心且進入狀況的家長通常會花很多時間提供資訊給焦慮兒，幫助他們建立控制感。他們會讓年紀比較小的孩子在早上就知道是誰會去接他們放學，同時告訴他們放學後的計劃是什麼。他們也會一步步地告訴孩子面對新環境時應該怎麼做，例如拜訪朋友家裡時可能碰到的狀況。他們也會詳細的告訴孩子，返校第一天可能會出現的狀況，好讓孩子在開學第一天就做好準備。

這些措施會讓焦慮的孩子感到安心，但同時也可能剝奪他們發展自身應變能力的機會。這樣的智慧是來自於孩子必須要靠自己撐過沒有腳本或計劃的突發狀況。雖說焦慮兒可能從父母提供的計劃中獲得益處，他們同時也必須要學著在幾乎沒有預備，或必須靠自己解決的情況下試著生活。

透過漸進式的接觸培養心理韌性

「漸進式的接觸」是一個很好的方法。第一次世界大戰時，澳洲將領莫納什將軍（Sir John Monash）就是用「漸進式的接觸」扭轉了局勢。他策動了一系列、接連不斷的小型出擊，讓他麾下的士兵逐漸感受成功的滋味。他知道，軍隊在戰場上取得的勝利越多，就越想體驗成功的滋味。透過讓士兵從較小的事物開始，緊接著獲得了動力與氣勢，士兵們培養了對於成功的渴望。

焦慮兒對於例行的時間表感到安心。他們喜歡知道下一步會發生什麼事，不喜歡例行公事發生變化。事實上，許多焦慮兒會在學校放假時覺得不太舒服，因為自己還沒適應新的假日作息。

家長也不要害怕去改變孩子的作息，反而要讓孩子們知道：把平常六點的晚餐改成七點，並不會要了他們的命。這並不是要家長刻意捉弄孩子，或故意對孩子的需求不聞不問。其實這是創造一種機會，讓孩子稍微感覺自己正暴露在不安與不適的情況下，並且知道自己能夠與不可預測性共存，而不必總是需要依賴規則與秩序。

漸進式地讓孩子暴露在不可預測性中，可以幫助焦慮兒用靈活的方法面對焦慮感，同時降低全新、不同或曾經讓孩子感到困難的環境帶來的恐懼感。

透過團體培養心理韌性

關於心理韌性的大量報導與書籍當中，很少提到一個重點：心理韌性群在本質上就與團體有關。我們一方面想要幫助個別的孩子發展韌性，但也別忽略群體的心理韌性。如果孩子身在一個心理韌性很堅強的家庭中，那麼他的心理韌性也會相對提高。雖然有韌性的家長會帶出有韌性的小孩，但是需要注意的是，若家長想要提高孩子的心理韌性，最好的出發點就是把焦點放在整個家庭一起，而非單純只提高孩子一人的韌性。如果只為了個別的孩子而設計一套教養方法，那等於是將這個孩子擺在一整個家庭之上，而且這樣的教養方法遇到艱困的外在環境時，很難成功。

當整個家庭一起努力，分享每個家庭成員的喜悅、痛苦與挑戰，這就是培養心理韌性的最佳環境。當然，如果家裡孩子少，或許不適用這種群體化的教養，因為在小家庭中很難不把注意力集中在個別的孩子身上。如果家庭中孩子總數達到四個或更多，這時的教養方法就可以把焦點放在家庭整體上。這樣的模式會帶來衍生效應，讓家庭成員間關係更加緊密，手足間也會在生活遇到問題時更加支持彼此。當家裡有焦慮兒時，家長可以盡量培養家人之間的緊密感情，這樣孩子就能感受到支持與諒解，並且知道無論人生看起來多艱難，他們永遠不會孤單的面對挑展。

培養孩子獨立，可降低焦慮

「孩子只要獨立自主，就不會焦慮」，這個說法並不正確。我們先前說到，焦慮症和基因有關（而且基因是最有可能引發焦慮的因素）。但是從長遠的角度來看，孩子若具有高度的獨立自主，確實可減少他們的焦慮程度。獨立性可為孩子塑造個人能力：透過自己動手做事情，他們會產生一種「情況在我掌控中」的感覺。一個可以自己綁鞋帶的孩子，就不再需要倚賴成人的協助；一個可以自在地獨自走在社區中探索大街小巷的孩子，也不再需要仰賴父母陪在身邊，他們可以自己去拜訪朋友，參加放學後的休閒活動或者去商店採買。這世界突然為他們開了一道門，提供了自由，不再需要他人幫助才能行動。這樣子的支配感對於孩子而言非常重要，因為孩子從此可感受到極大的掌控權，他們不再需要完全聽家長的指令。

另一方面，這偉大的自由同時也參雜著危險：突然之間，世界變得更加幻不可測。事情可能會出差錯。某天可能會走著走著，拐錯彎就迷路了。他們可能會遇到平常不會遇到的人，而這些人讓他們覺得不舒服。他們也可能只是單純經歷到風、雨、光熱能等極端的天氣因素，所以需要調適。每次他們成功的處理掉一個不確定或恐懼的情況時，他們就會學到重要的一課，有了更堅強的心理韌性、支配感與控制權。

相較於在比較安全、封閉的環境中所遇到的困難，當孩子遇見真實的恐懼時，焦慮感的影響其實會退居二線。為了保護自己而努力的經驗是無價之寶，它不僅能夠培養孩子解決困難的技巧與靈活度，同時也能給予他們所需的自信，讓他們能夠成功的設法渡過將來的困境，藉此克服心裡的恐懼。

如何培養獨立

獨立有許多形式，但最重要的就是發展孩子的自立能力。若孩子已能安全的完成任務時，就讓他們自己試試看。《更好的父母》（Becoming Better Parents）一書的作家莫里斯・巴爾森（Maurice Balson）認為：「千萬不要常常幫孩子做他們原本可以完成的事。」年紀較小的孩子可以自己進食和穿衣服時，請家長們退一步到旁邊，讓他們自己完成這些事。當幼稚園的小朋友可以自己做點心或幫忙準備三餐時，給他們一個機會發展這些技能。可以給想要讓生活更加獨立的青少年一個機會，讓他們自己列預算，然後控制自己的花費。從這種自我支配行為中，青少年可以獲得莫大的自信，但這樣的機會經常很輕易的就被拒絕了，因為好心的家長和其他成人會把「幫兒童和青少年做所有事」視為自己的工作。身為家長，你的目標應該是「讓自己變得多餘」。當孩子不再依賴你幫忙做每日必須的工作時，你就知道你的任務已經完成，因為孩子已經可以照顧自己了。

給予孩子責任

培養獨立的下一步，就是給兒童與青少年實際負責任的機會。這點乍聽很簡單，但這件事也很困難，因為給孩子責任就代表我們必須要把手中一部份的責任放開。在小家庭中，我們知道孩子有能力處理哪些生活上的大小事，因此有時很難把手中的責任下放給孩子。若家裡孩子超過四個，下放責任給孩子則簡單的多，父母可以把責任分配下去之後，自己退居幕後，讓孩子真正擁有主導權。這是因為家庭規模越大，家長就必須跟著放大關注的範圍，不會把每個孩子都盯到太細的事上。

當孩子搞砸時

家長在分配責任給孩子時，最困難的就是孩子免不了會犯錯。若規定幼稚園孩子自己把書拿去圖書館歸還，孩子常會忘記；預期幼稚園小朋友自己會記得帶午餐，那也不太可能。把每周倒垃圾的任務分配給青少年，有很大的機率他們會忘記，這也意味著下周家裡會有一個滿出來的垃圾桶。

但問題就來了，我們需要讓孩子發現自己的問題，而不是插手去解救他們。當我們解救孩子時，就是奪走他們的責任，結果就是到圖書館還書、送便當、倒垃圾反而變成了家長的責任。我們的工作就是要讓孩子更容易記得他們的責任，幫助他們解決因為健忘或是做了錯誤決定，所導致的問題，而非替他們解決問題。當家長手上有很多事在忙的時候，「我自己親自出馬來做」乍看之下是最容易的方法，但這樣我們就無法給孩子空間來承擔責任。

傑洛米的故事

十歲的傑洛米發現了一個賺取零用錢的好方法。他家養雞，於是在媽媽的同意下他開始到鄰家兜售一盒六顆的雞蛋。剛開始，傑洛米滿腹熱忱，會準時將雞蛋在指定的日子拿給鄰居。幾個月後傑洛米的熱忱消退，做生意的新奇感不見了。媽媽也開始必須提醒他：「今天是星期五，你不是要拿雞蛋到隔壁嗎？」這時傑洛米才心不甘情不願的完成任務。

後來媽媽對傑洛米的態度忍無可忍，便告訴傑洛米：這個雞蛋生意還要不要做，由他來決定。她提醒傑洛米，鄰居每個星期都會預期傑洛米送蛋過去，如果他想要從鄰居賺到錢，就必須記得做好自己的工作。

後來鄰居連續三個星期都沒有拿到蛋，於是自己改去超市買，並有禮貌地告知傑洛米以後不買了。傑洛米啞口無言。他覺得鄰居這樣做很不公平。但鄰居並沒有做錯，她只是很務實地在處理這件事。

責任感狠狠的給傑洛米上了一課。他體認到，責任雖然會帶來獎賞，但這些獎賞也有責任。當你沒有遵守自己的交易規則，你就沒有資格領取獎勵。這是個痛苦的教訓，但這就是人生。

教訓就在錯誤與失敗中

當孩子體會過這些痛苦的教訓（包括失望、失敗與後悔），將有助孩子培養心理韌性。孩子會學到，自己可以克服那些令人不悅的情緒，不用被這些情緒擊倒。他們也會學到，雖然錯誤會讓人感到尷尬與不方便，卻不一定要害怕犯錯。其實，對於未來並不需要感到焦慮，因為失敗並不是世界末日。這些錯誤會過去，人生會繼續向前。若孩子對於人生許多事都能夠負起所有的責任，就會學到這些珍貴的教訓。

拓展孩子的視野

大部分和我聊過的成人回想起童年，都很沉醉，接著後悔自己的小孩不曾享有像自己那般值得回憶的童年自由。以前的小朋友好像比較無憂無慮，會在附近的大街上閒晃，度過悠閒的時光，與朋友一起散步或騎腳踏車，與死黨在公園裡鬼混，追著大眾運輸工具只為了要趕場電影，或者單純和朋友到處亂跑。這些都是珍貴的童年回憶，因為這些時光大都發生在遠離家長嚴厲目光的時候，有時還會加上一點冒險的元素。

對於兒童或青少年來說，成長意味著拓展自己的視野：從在家裡面玩，到說服媽媽讓自己到隔壁鄰家玩，然後變成在社區裡漫步，最後走得更遠。每一步都代表孩子（和家長）必須做出的小挑戰與調整。例如，在社區裡走動這件事，會帶孩子遠離家庭的安全感與保障。更大的自由伴隨的是更多的不確定性，以及孩子踏上更多冒險的可能性。這同時也代表，他們必須時常利用自身生理或情緒資源來幫助自己避免困境或面對未知數。

鼓勵孩子實施情緒自我調節

轉換或調節情緒的能力，是焦慮症控管的核心重點。轉換心情的策略很多，可以提供給孩子參考，包含：聽音樂、玩遊戲、做幾次深呼吸、冥想或做一些運動。無論是透過哪種方法，孩子可以建立一系列策略，在他們感覺情緒列車正帶著他們駛向不想去的目的地時，趕快拿出來使用，讓自己冷靜並重新拿回控制權。

我們深信，如果想要建立孩子控制焦慮的能力，我們必須要在孩子小時候就開始培養獨立與心理韌性，兩者密不可分。先從培養他們的想法開始，讓他們懂得從小地方找到增進獨立與心理韌性的機會。接著鼓勵發展自立的技能，找機會讓孩子自己解決問題；給他們一點自由空間，體驗全新且不確定性高的環境；在事情不對勁時給予情緒上面的支持，幫助他們適應恐懼、懷疑或未知數。

第8章 精進你的教養風格

有兩種不同的教養方式，可以讓焦慮的孩子獲益。第一，「同理心」可以讓擔憂未來、害怕或抱怨的孩子獲益。他們希望從成人身上獲得「好的我聽到了」這個答案，以便獲得安全感。第二，如果成年人告訴他們「我覺得你做得到」，並且鼓勵他們面對恐懼，同時幫忙他們調整一下環境好讓孩子更容易成功，那麼這樣也會帶來極大的助益。這樣的家長通常立場較為堅定，但也會使得想要逃避引發焦慮環境或事件的孩子，覺得很痛苦。根據教養專家黛安娜．鮑姆林德（Diana Baumrind）的看法，這種關愛與堅定立場並進的教養法叫做「威嚴型教養法」。單純只有關愛的風格則被稱為「放任型教養法」。

如果只給予關愛卻沒有威嚴，意味著孩子沒有機會接受挑戰，去面對棘手的情況，所以焦慮感會繼續蔓延。而單純樹立威信，卻沒有關愛與理解，就會讓孩子成為一個未曾感受到支持與理解的年輕人。當孩子有這樣的感受，焦慮感只會有增無減。無論孩子是否有焦慮的傾向，完全威嚴派所提倡的「靠自己」（sink or swim）作法，對於孩子幾乎沒有任何好處。

在討論「威嚴型教養法」時，我們通常會用狗跟貓的譬喻。狗這種動物很友善，希望向人表達愛意、熱情以及關心。狗狗會感受到人類的關注，也會給予溫暖的回應。所以，「狗」

派的教養法是運用同理心，讓孩子知道，在他們焦慮時，你「懂」他們的感受。

另一方面，貓咪就不太一樣了。貓咪通常自給自足，沒有你也可以自己活得蠻開心。如果要做比喻，「貓」派的家長比較可以挑戰孩子的能力，並且鼓勵他們「試試看」。這些家長捨得與孩子分開，退到旁邊讓孩子自己嘗試，也不會讓情緒影響自己做出決定。

每個人的個性中都有一些貓派跟狗派的成分，雖然大部分的人還是比較容易偏向某一派。一個貓派的家長在教養時，可能比較多「推力」，比較少關愛，但這並不表示他們無法使用狗派的教養法，這只是代表他們需要多花一點心力，提供焦慮兒所需的同理心。其他家長可能會對狗派的教養法比較得心應手，在孩子掙扎時給予協助與諒解。這些家長也同樣可以在需要時啟動他們貓派的本質，雖然這並不是他們的原廠設定。

「狗」派與「貓」派教養法的不同

從我們的非語言行為，就可以看出狗派與貓派的不同：說話音調的高低、身體的姿勢、頭部的動作等。貓派家長可能會用平淡、短促的聲音說話；他們的頭部動作不多，身體直挺且有自信；貓派從容、安靜且沉穩。大聲吼叫或激進的行為都不是他們的風格。

另一方面，狗派家長說話時音調起伏較大，會經常微笑，說話時經常傾身靠近談話對象。

這是一種比較溫馨、親切的教養法。這種風格適合在交談或建立關係時使用。有時候這樣的方法會比較情緒化，比較坦率，也比較適合運用在展現同理心的時刻。

溫暖的貓，威嚴的狗

以上兩種教養法，你比較認同哪個呢？如果你比較偏向其中一個教養法，那麼可能需要再努力一點點，或更加留心，才能把另外一個方法也運用上。事實上，很多家長與另一半都會互相分擔狗派與貓派的方法，就像在小朋友不太乖時，大家輪流扮黑臉和白臉那樣。

別把這兩種方法搞混了

如果在孩子擔心、緊張或焦慮時，家長把狗派和貓派教養法搞混了，那麼可能就會事半功倍。孩子焦慮的當下，若家長的第一個反應是疏離且不甚親切，那麼就沒有迎合到孩子當下的情緒需求。貓派教養法出現的時機不恰當，會使得孩子無法感受到諒解與支持。當孩子帶著真切的憂慮前來尋求協助時，他們希望家長可以像狗狗一樣親切。但如果孩子還是繼續糾結，那麼狗狗就必須退場，讓貓咪冷靜且堅定的鼓勵孩子做幾次深呼吸。當孩子需要穩定情緒，需要思考時，卻碰上容易激動或情緒化的狗狗，只會造成更大壓力。

只要選對時機，你就能夠給予焦慮的孩子所需的幫助。那就是：貓派教養法提供的冷靜、自信與安全感，還有狗派自然流露出的關懷、認同以及理解。

兩種方法必須分開

我們常見到家長沒有將這兩種教養法分開使用。想像一下：兒子沮喪地從學校返家，你不確定發生什麼事了，於是選擇先從旁觀察。下一秒他突然對妹妹飆了一句髒話，使得小女兒前來尋求你協助。你先責罵了兒子，然後再同情的問兒子是不是遇到了什麼困擾。在這樣的情況下，你很有可能只會讓兒子感到疑惑而已，因為你將貓派教養法的「管理」與狗派教養法的「諮商」混用在一起。

請記得，兩種派系的方法必須分開使用，以獲得最佳的效益。上述例子中比較好的作法，是先對兒子表達你對他所做出的行為不甚滿意，或許你可以請他回去自己的房間。然後，在情況稍微冷靜下來的時候，用沉穩的語調和他聊聊今天遇到的任何問題或煩惱。這樣可以保證貓派的威嚴有效發揮作用，然後花一點時間，轉換一下不同的空間，接著讓狗派的教養法發揮作用。

召喚內心的狗狗

當孩子焦慮到快崩潰了，或者對於還沒發生的事件感到擔憂，例如要上新的學校了，這些情況下常會讓人很想直接忽略孩子的反應，尤其如果你並不是那種特別愛擔心的家長。但此時你最需要做的事，就是暫停你手上的任務，看著孩子的眼睛，好好地聆聽他們想表達的事情。這樣可以幫助你發現孩子是否正處於焦慮的狀態。當孩子感受到你的認同，此時他的反應會是最好的。孩子希望獲得的回應是「我發現你好像有點沮喪。我可以理解你」。此時你召喚出內心的狗狗，真切地聆聽、安撫孩子。貓派教養法在這裡的成效恐怕不彰。現在就讓我們來瞧瞧，應該如何召喚你內心的狗狗。

能夠喚起自己狗狗本能的最快方式，就是深吸一口氣，並且在說話時掌心朝上。現在就讓我們來練習一下：坐直或站直，手肘輕鬆放在體側，把手掌舉在身體前方，掌心向上。接著開始與他人談話，並仔細觀察自己的聲音、姿態與頭部的任何動作。你很有可能會展現出一種親人的姿態，因為你會稍微前傾，頭部上下移動，聲音的抑揚頓挫也會變得明顯。掌心朝上的姿態能夠幫助你快速提取出你本能當中的狗狗部分。又或者，想像你正在與一個久未連絡的朋友說話，你的身體會微微前傾，微笑，做出眼神接觸，聲音也會有抑揚頓挫。你甚至會在聊到如火如荼時開始模仿朋友的說話方式。這就是狗派教養法的親人精髓。

召喚心中的貓咪

很多時候必須採用威嚴教養法來鎮住場面。家長需要一點威嚴感，讓孩子體驗自己糊塗選擇所帶來的後果。父母需要展現鋼鐵般的意志，才能讓孩子去參加學校露營，因為這是最好的選擇——雖然孩子真的很焦慮。面對孩子焦慮的當下要冷靜回應，而不是跟著一起情緒化，身為家長，要做到這樣真的需要付出幾分努力。以上情境都需要家長採取貓派教養法——冷靜、威嚴又可靠的教養風格。貓派風格的教養法，在理性溝通之下，會告訴孩子他們在努力的過程中絕對會很安全；面對困境時，他們也會成功克服，而不是慌了手腳。

想要召喚你內心的貓咪嗎？站直或坐直後，眼睛望向前方，頭部保持不動，說話時手肘輕垂兩側，伸出手臂，雙掌向下。穩住不動，你就能夠以可靠、有信心的教養法與孩子溝通。如果採用貓派教養法，家長同時也會感受到較多的權威性。又或者，你可以想像自己在為一個陌生人指路，讓他們在迷宮般的城市裡找到飯店。你很可能會用簡短、清晰的句子以及穩健、慎重的表達方式跟他們說話。同時你也會觀察陌生人的表情，確定他們聽懂你的指示。你無時無刻都在確認他們的反應。這就是貓派教養法透過冷靜、沉著的態度所展現的極致自信。

與伴侶合作

通常雙方家長採取的方法會不一樣。舉例來說：父親比較常用貓派教養法對待兒子，他們對於兒子的期望較大，所以當兒子糾結於學校作業、友情或個人問題時，會表現得比較疏離。母親在理解整件事的來龍去脈後，通常會採用比較偏向狗派的同情法，花時間了解發生的事，並且對兒子表示支持。這種雙重派系並用的教養法在以下情況適用：孩子的情緒需求獲得滿足時、兩造家長對於最佳教養策略已有共識時，以及兩造家長沒有在孩子面前因教養風格而爭執時。

單親家庭──身兼貓與狗

越來越多的孩子是在單親環境下成長。有時是因為雙親之一缺席，或因為雙親之一（多是父親）工作長時間不在家，甚至本來就住家裡但並不積極參與教養過程。單一家長需要同時身兼威嚴的貓與慈愛的狗，這並不容易，尤其是人總會特別傾向於其中一種特質。

若你是單親，則知道自己傾向於狗派或貓派的教養法會很有幫助。知道之後，你會有很大的彈性，可以在艱難的處境下也能滿足孩子的需求。有些時候你必須停下腳步傾聽他們的焦慮，有時你也必須要鼓勵他們接受風險。有時你須要當個安撫者——即便這不是你的風格。又或者，你必須要當個有威嚴的家長，但你本人並不喜歡這樣。貓派與狗派的方法對於單親家長來說是個務實的策略，讓他們能夠在不同情況下提供孩子當下所需的適當教養法。

關於貓派與狗派的小叮嚀

如果你能夠自動的在狗派與貓派間切換，就表示你天生很有魅力。就我們的經驗而言，在兩種模式間無縫切換是可行的，但是需要有意識的去做，而且還得多多練習。如果你的個性天生就傾向貓派，那麼當孩子正在糾結的時候，你就必須要多花點心力，給孩子充滿同理心及關愛的回應上。你可能需要提醒自己：孩子需要你身體前傾，與他們眼神交會並且專注聆聽。又或者，你可能基本上屬於狗派，卻需要在孩子焦慮時教導他們更獨立，或者引導孩子在焦慮時採取行動。過了一段時間，這些轉換會變得比較自然，尤其是在你對教養法的意識增強，或者學會更新、原先不熟悉的教養法之後。

第四篇

控制焦慮的工具

如果你曾經有過焦慮經驗，你就會知道焦慮其實不會完全消失。它會待在背景裡。焦慮是一種需要被控制的狀態，讓你可以繼續過自己的人生，做你該去完成的事。你要讓焦慮搞到束手無策，還是要控制焦慮、減少它對你和你幸福生活的影響，這兩種狀況有著天差地遠的區別。前者無論在情緒上或生理上都會使人疲憊，讓你最後只剩兩種選擇：避開會讓你感到焦慮的活動，或者進入一種高度情緒化的狀態。在這種狀態下，你必須過度管理每一個活動，並且對每一件可能發生的意外都做好準備。你可能會設法克服你的焦慮感，但是代價也很高；這邊的代價，指的是當你想要讓自己穩定下來，同時還要預測及處理每一個可能出現的變數時所耗費的情緒能量。要用這種方法克服焦慮是非常累人的一件事。

我們對於焦慮所採取的策略是學習如何與其共存，而非與之對抗。我們繼續自己的人生、完成手邊的工作時，必須要把焦慮放到背景裡去。但是，這不會憑空達成。我們需要預備好一系列的機制與工具，讓我們能夠有效控制自己的情緒與生理狀態，才不會陷入失控的漩渦，再次進入逃避或過度管理這樣的模式中。

有五種工具可以對焦慮進行自我調節。我們親眼見證過這些工具對於焦慮的兒童與青少年帶來的正面影響，你也能把這些工具傳授給孩子。

這些工具分別是：**檢查法**、**呼吸法**、**專注力**、**運動**以及**認知脫鉤（defusion）**。現在就讓我們來逐一認識這些工具。

第9章 檢查法──與情緒智力有關的工具

大家還記得今天早上自己是怎麼起床的嗎？在你睡眼惺忪的甩甩頭，試圖驅趕睡意的同時，是如何整理自己的心情呢？你會思索即將展開的一天，或是回想前一天自己過得如何呢？大部分的人在下床的那一刻就開始計劃即將展開的這一天，但很少人會注意到，自己對於這即將展開的一天，有什麼情緒上的感受。你起床時的情緒是覺得緊張或激動？快樂、熱情還是有動力？你有注意過自己起床的情緒嗎？

管控焦慮的時候，需要情緒來輔助。為了要控制焦慮感，孩子的首要任務就是要察覺自己的焦慮。情緒商數較高的孩子能夠辨認出各種不同的情緒，例如滿足、冷靜與無聊等較為和緩的的情緒；還有像是生氣、害怕與熱忱等強烈的顯性情緒。下一步便是標示出自己的情緒，越精細準確越好。接著我們需要鼓勵孩子，將情緒連接到最初導致這些感受的事件、情境或人物上。這樣的認知在焦慮管理的過程中是非常重要的步驟。

為了讓這個情緒智慧相關的步驟能夠運作，我們推薦使用「檢查法」。「檢查法」是一種簡單有力的技巧，所有五歲以上的孩子都可以學習，並透過持續的練習，讓這個技巧成為自己「抗焦慮工具箱」中的一部分。

本章將分享一些檢查法的技巧，你學會後也可以傳授給孩子。在介紹檢查法的概念前，我們需要建立一些關於情緒的基本知識。

情緒即資訊

情緒能夠提供家長們關於自身還有孩子的珍貴資訊。假設今天你做了一個重要決定，稍後卻改變主意，理由是「這個決定感覺不對」，那就表示你成功的與自己的情緒搭上線。這種「直覺」就是一種訊息，它提供我們關於決定的各種重要資訊。例如：在選擇孩子閱讀的學校時，你可能會在考慮利弊後鎖定某間學校，但最後卻選擇了一所完全不一樣的學校，因為最後的那所學校讓你「感覺對了」。讓人驚奇的是，許多理性的選擇可以因為我們「感覺怪怪的」而徹底翻盤。我們往往能輕易說出自己做決定的理由，卻很難察覺（甚至會去合理化）是什麼情緒影響了我們的決定。這是因為情緒運作在一個變換無常、混沌不已的地下世界，這個世界對於大部分的人來說都十分陌生。在我們尚未準備好探索情緒的工具前，通常都會忽略掉情緒所帶來的豐富資訊。

耶魯大學情商中心主任、同時也是該中心最著名的「RULER」計劃共同創辦人馬克．布拉基特（Marc Brackett）教授表示：「情緒商數需要成為家庭系統的一部分。」若能在平常的家庭環境裡就注重情緒，你將會開啟一塊潛力豐富的資源，裡面充滿了訊息，這些訊息不僅會引導個人做出選擇，更能幫助家庭關係更加快樂、成功。更重要的是，少一點焦慮。

情緒不好也不壞

許多人傾向給予情緒一些價值判斷。其實情緒不好也不壞，不正面也不負面。這種非黑即白的二分法，用在情緒上未免太過簡略，且暗示著某些情緒被忽略了也無所謂。身而為人，本就應該每天都經歷各式各樣不同的情緒。在你生活中的每一天，都可能會感到困擾、氣憤、驕傲、悲傷、擔心、失望、快樂和愉悅，以上的情緒也僅是一部份而已。檢視情緒比較好的方式，是它們「讓人感到舒服與否」，而非透過好／壞、正面／負面的鏡頭。例如憤怒這樣的情緒，固然會讓人覺得不舒服、難受，但這不代表它有著壞或者負面的本質。憤怒可能會衍生出攻擊性的行為，因此憤怒常會被列為是不好或負面的情緒，但其實這是因為它所衍生出的行為不利於他人，而情緒本身並不壞。

我們身為家長，跟孩子一樣，都需要習慣各種不同的情緒，並且不去逃避那些令你感到不適的情緒。若孩子正在經歷焦慮、憂心、擔心、惱怒與煩躁等不舒服的情緒，那麼對孩子來說，若能夠辨識並接受這些情緒的出現，就等於正式跨出情緒管理的第一步了。

感覺、情緒大不同

感覺和情緒之間的差異，可以用這種方式來概括：感覺瞬間就消逝了，但情緒會持續較長的時間。用心體察自己的情緒，你可能會發現自己同時感受到幾種不同的情緒。你可能會因為孩子打擾了你，在那個一瞬間感到煩躁；你可能會想到即將到來的工作面試，就感到既興奮又焦慮；也可能因為一個小時內就要去參加計劃好的姊妹之夜，而感到超級興奮。

感覺通常來來去去。情緒則會持續較久且難以轉變。情緒其實就是一種我們不願放下的感覺——生氣的感覺可能會因為我們不斷回想發生的事件而演變成一大團烏煙瘴氣的憤怒。然而，我們有能力將注意力轉向別的事物上：透過運動、幽默或者開始想別件事。我們建議家長可以與兒童與青少年聊聊，關於「感覺」稍縱即逝的特性，這樣他們就能試著放手，而不是持續沉溺在某一種情緒中，只因為這種情緒讓他們感到不舒服。

檢查

我們很容易只關注到行為或想法，但是需要一些練習，才能重新調整自己的雷達以便接收情緒（自己的，或他人的）。為此，「檢查」這樣的技巧就是一種很棒的情商工具。[1] 檢查法任何時候都可以用，以此來辨別當下的感覺為何。下列是檢查法的步驟：

1. 停下腳步，閉上眼睛。
2. 摒除所有外在噪音，並且做幾次深呼吸。
3. 低頭，直到你感覺閉上的眼睛已經在地平線下方，這個動作能夠幫助你抵達腦部情緒所在的位置。
4. 一段短時間後（別超過一分鐘），張開眼睛確認任何你可以辨識的感受。

練習檢查法的要訣時，每天都該重複上述的步驟好幾次。可在日記中寫下你辨認出的不同感受，以及可能造成這些感受的原因；在學習新工具時，這樣的好方法可以幫助你將步驟牢記在心。

檢查法是筆者每日例行的作息之一。我們兩個都在一天開始與結束時檢查一下自己的感覺；開會、上台報告以及其他可能造成壓力的場合之前，還有需要來點正能量的時候，也都會使用檢查法。根據經驗，我們會試著辨識至少一種感受（有時，會有多種情緒同時爭取你的關注），然後將這些感受與可能的肇因做連結。例如：「我現在感到滿足，因為我今天工作非常有效率」，或者：「我覺得不安，因為需要作出一些困難的選擇。」還有像是：「我感到一股巨大的解脫感，因為剛完成了一項讓我不停擔心的計劃。」

把「檢查法」傳授給孩子

檢查法是一種非常好用的工具，值得介紹給所有的兒童與青少年，尤其是時常有焦慮體驗的孩子。我們不會要求孩子控制自己的情緒，因為各種情緒都有可能在孩子沒有準備的情況下突然出現。但是，**孩子如果能夠學會辨識自己的感覺，並連結到可能的肇因，就能更有效的控制情緒**。而「檢查」這個動作能夠幫助兒童及少年適應不舒服的感受，賦予他們能力去轉換感受，讓自己能夠進入一個更好或更舒適的狀態。

在介紹檢查的技巧給孩子前，我們建議家長也必須熟悉這個重要的工具。至少花兩個星期，每一天至最少要檢查自己的情緒三次。筆者也會使用耶魯大學情商研究中心所開發的應用程式「心情表」（Mood Meter），這個應用程式讓我們能夠在手機上設置提醒的鬧鐘。你也可以使用其他的系統來幫助提醒你該檢查情緒了，或者將檢查情緒與日常活動綁在一起，例如每逢起床、吃飯或運動就檢查情緒。這樣的定時活動不但能審視情緒，也能提供有趣的資訊，讓你發現不同活動對於自己整體的幸福感會產生什麼影響。當你開始適應檢查法的時候，就代表你已經可以將它介紹給孩子了。

如果孩子曾看過你檢視自己的情緒，那麼就比較容易將這個方法介紹給他們。你可以有意識的做出榜樣，在日常生活中不斷審視情緒。一旦孩子發現你會定時檢查自己的情緒，他們會把這件事看成是一件正向的日常行為。無論是趁著廚房安靜的片刻冷靜閉上眼睛，或者和孩子一起等火車的時候，或者在觀看運動賽事時花一點時間反思，都可以在這些日常行為中帶入檢查法。或許孩子會好奇問你在做什麼，此時便可以向他們解釋檢查法的過程，並且邀請他們一起試試看。

如果孩子抗拒，那也不要勉強他們。如果可以的話，倒是建議家長們能夠向孩子解釋檢查法的好處，例如「可以幫助你對不同感受更加敏感，當恐懼、焦慮與壓力等感受出現時，能夠成功對抗它們」。孩子們也會藉此更加敏銳意識到自己的情緒世界，進而讓他們在轉換或接納難受的情緒時，變得更加得心應手。同時，透過檢查法，家長也能引導孩子認識「感受」稍縱即逝的本質，讓孩子知道感受會來來去去，這些感受中，也包括了焦慮這個讓他們感到不適的感受。檢查法也能夠告訴孩子，他們可能會在同一個時間裡體驗到多重的情緒。

請教導孩子，在檢查情緒的時候使用「我」開頭的句子。這種句式能標示出一種或多種不同情緒，並且將它們連結到可能造成情緒的事件。「我」開頭的例子如下：

「我覺得生氣，因為我的朋友在下課玩遊戲的時候作弊。」

「我覺得不開心，因為我讓最好的朋友失望了。」

「我覺得興奮，因為明天我就要打人生第一場網球決賽，但我同時也很緊張，因為我不想搞砸。」

鼓勵孩子在表達時使用「我覺得生氣／不開心／興奮」，避免直接使用「我現在很生氣／不開心／興奮」。因為後者比較偏向是描述情緒，而前面的說法比較接近感受。「感受」瞬間即逝，具有流動性的特質，對於控制焦慮感有非常重要的影響。當我們將感受與人分開時，我們就能處於一個控制自己的狀態。在一個人將自己標示為焦慮時，就比較難控管焦慮，也意味著自己必須要改變，才能脫離焦慮。

家長也可以幫助孩子選出一天當中有哪些恰當的時間可以做情緒檢查，例如下課後或午飯後的時間。等到孩子終於學會辨別自己的感受，有時會發現，可能有不只一種情緒在自己的腦海中四處游移。

家長也可以示範如何做好檢查情緒前的預備工作。鼓勵孩子坐或站好，把眼睛閉上，做幾次深呼吸。建議孩子將注意力放在呼吸上，這樣可將腦海中的雜事清除。鼓勵孩子望著自己呼吸的源頭。引導孩子將眼睛望向地平線以下，這個動作能夠幫助他們找到腦中感受情緒的部位。如果孩子覺得辨識情緒很難，那就鼓勵他們說出任何腦海中浮現的感受。通常這些最初的感受都意外的準確。剛開始，孩子經常會說自己感覺不到任何東西，此時可以稍微督促他們一下，讓他們至少說出一個名詞。家長甚至也可以給一些提示，例如：冷靜、無聊、快樂、平淡。通常極端的情緒較容易辨識，例如：憤怒、傷心、興奮或恐懼，但要辨識出較幽微的情緒則可能會有點難度，例如：滿足、擔心與感謝。

鼓勵孩子養成寫日記的習慣

鼓勵孩子將自己的「我」句子記錄在日記中，這樣能帶來許多益處。首先，寫下感受能幫助孩子擴充自己的情緒語彙庫。而說出情緒的名字之後，孩子將會更進一步適應這個情緒。當孩子能夠掌控越精確的名詞，就能夠為轉換情感做好萬全的準備。標示情感也與語彙的發展息息相關。一個幼稚園的小朋友可能沒有太多情緒的語彙。「我覺得心裡怪怪的」可能是他們對焦慮感的最佳形容了。而青少年可能會使用壓力、緊張、困擾與煩躁等形容詞，而且逐漸擴充自己的詞彙庫，包含疲乏、激動、忐忑等詞語。只要能叫得出名字，就能收服這個情緒。

其次，寫作這個行為能夠鼓勵孩子反思。當孩子花時間記錄下自己的情緒，就能夠鼓勵他們做自己，並且對於自己的感受做出更好的回饋。我們經常可以看到，孩子將原先說出的「我」句式，用文字寫入日記上，又是另一種不同的樣貌。這是因為較深刻的省思能夠幫助孩子，對自己的情緒狀態做出更精確的描述。

最後，日記能夠完整記錄每段時間裡孩子的情緒狀態。日記可以給人帶來很大的激勵，因為像這樣紀錄式的證據能讓孩子看見自己詞彙量的成長，同時也看見自己情緒的固定模式慢慢浮現。

第10章 深呼吸

你是否曾經在看電影或運動賽事時，發現自己緊張到幾乎要從椅子上跳起來了呢？此時不妨退一步觀察自己的肢體動作，你會發現自己的身體緊繃，處於戒備狀態，眼睛怒睜。事實上，你的身體可能正在複製「戰或逃」反應，而你的交感神經則全副武裝，讓你在面對危險時能瞬間做出戰或逃的動作。你的心律可能會上升，呼吸也會變得短淺，以便做出快速的反應。電影或比賽結束的當下，身體就會回到一個比較放鬆的狀態。你的肩膀會放鬆下垂，心跳也會減緩，呼吸變得深沉。狀態又一切如常。

但是對許多人來說，所謂的「正常狀態」比一般人更加緊繃。他們會擔心許多超出自己能力範圍的事情，讓自己的身體與腦袋經常處於高度警戒的狀態，這也會讓他們常感到壓力與焦慮。通常他們會用胸腔呼吸，而非從橫膈膜深處呼吸。如果他們遇到恐慌發作的狀況，在身體急需氧氣的時候就會造成過度換氣——急促又淺快的呼吸，不僅加重身體的負擔，更無法提供身體正常運作所需的氧氣。大家恐怕難以想像，像是呼吸這樣基本又簡單的行為，對於幫助人體維持最佳狀態竟是如此的重要。

在本章中，我們會進一步檢視「深呼吸」在預防與控制焦慮症時有什麼樣的幫助；如何達到更深層且有效的呼吸法；以及各位能夠如何將深呼吸練習融入在孩子的日常生活中。

如何深呼吸

呼吸關乎生死，是一種自動自發的反應。通常我們對於「呼吸」這個行為不需多加思索，只有在必要的時刻，我們才會讚嘆「呼吸」是何等重要的生命之力。呼吸這種單純的生存機制可以更上一層樓，讓我們感覺更好、準備更充分，而且在我們需要呈現最好的表現時成為助力。關鍵就在於如何用對的方式，在對的時間點呼吸。

想達到更深層的呼吸，你需要把空氣吸到腹腔的位置，而非僅止於胸腔。身體會提供你關於呼吸品質的進一步線索：讓身體保持靜止，試著感受呼吸。若你的肩膀在吸氣時聳起、呼氣時落下，表示你是用胸腔在呼吸，這樣的呼吸法也被稱為「淺呼吸」。若你的肚子在吸氣時鼓起、吐氣時縮回，這就表示你是用橫膈膜在呼吸，這樣的呼吸法也就是所謂的「深呼吸」。我們的呼吸模式會隨著一天的作息而改變，但大部分的人仍是用胸腔在呼吸，這樣的呼吸法代表此人有壓力，有負擔，而且過著久坐不動的生活。

早在古羅馬與希臘時代，人就意識到深呼吸的好處，當時的醫生會推薦病患將空氣吸入後憋在肺部，作為一種淨化體內不潔成分的方法。深呼吸運動包括由鼻腔深吸一大口氣，將氣憋在橫膈膜的部位，接著緩緩從嘴巴吐氣。以下是一個各位可嘗試的簡單深呼吸運動：

1. 透過鼻腔吸氣，並讓腹部擴張。吸氣的時候數到五。
2. 憋住氣然後數到三。
3. 透過微張的雙唇完全吐氣，並數到五。
4. 重複以上循環至少兩分鐘。

稍後我們還會一起看幾個可以介紹給孩子們的呼吸運動，但現在我們建議你可以先練習上述這個簡單的深呼吸運動，讓自己體驗一下深呼吸的益處。

深呼吸帶來的幫助

深呼吸能夠帶來的好處真不少，這個動作可以：降低罹患心血管疾病的風險、促進氧氣在身體裡完全交換使身體處於最佳排毒狀態、讓你增加劇烈運動時的耐力，同時也能改善身體的姿態，進而舒緩肌肉的壓力。

釋放壓力

如果家中有容易擔心的孩子，你可能會需要花大把的時間來幫助他們忘卻煩憂。年輕的孩子常用以下方式舒緩壓力：拜訪朋友、在沙發上閒坐看部電影、廢寢忘食的把自己沉浸在科技產品中。在這些方法中，還需要加入「深呼吸」，因為深呼吸可以幫助身體啟動放鬆反映，同時釋放人體累積的壓力。深呼吸會發送信號到腦部的副交感神經系統，告訴大腦是時候該放鬆並休息了。接著，心跳速率會因此下降，肌肉跟著放鬆，瞳孔收縮，接著腸胃系統又能復工，完成重要的任務。這樣的系統能讓承受極大壓力的孩子從擔心、甚至恐慌的瘋狂狀態，短時間內回到一個比較冷靜的狀態。

安撫焦慮感

當孩子焦慮時，呼吸就會變淺。在極端的狀況下，呼吸甚至會淺到讓他們開始過度換氣。在孩子們即將被焦慮感吞噬的時候，回到冷靜狀態的最快方法，就是展開一連串緩慢的深呼吸。深呼吸也是唯一能夠改變孩子想法、停止心理渾沌狀態的自律神經活動。史丹佛大學的科學家們證實，有一小叢神經元能夠負責安撫大腦；這些神經元會在我們深呼吸時活化。這個研究為我們多年來所熟知的常識提供了科學證據——深呼吸能夠安撫心神且放鬆身體。[1]

增加活力

深呼吸也能增強活力能量，而活力正是孩子在經歷壓力與焦慮時會大量消耗掉的東西。

高度警戒的精神狀態會榨乾孩子的精神資源，而這些資源原本是要用來維持孩子最佳的情緒健康。焦慮兒會比無憂無慮的孩子用掉更多的情緒精力。

與焦慮共存是一種沉重的情緒負擔。透過規律的深呼吸，焦慮兒能夠補充些許流失的精力。他們如果能夠培養出腹式呼吸法的習慣，就能夠獲得更多精力，因為深呼吸能夠提供身體更多的氧氣來運作。精神提振之後，孩子們就能夠更清晰的思考，更能完成生活中因為疲累或疲勞而拖延的許多事情。

將孩子拉回當下

容易擔心、焦慮的孩子會花大量的時間想像未來的事件，他們經常會將這些想像與現實混為一談（至少他們的身體可能分辨不出來），因此無論是面對幻想或真實存在的壓力源，身體都會做出相同的反應。一隻想像出來的老虎，就能夠引起人體在面對真實老虎時相同的生理反應；同理可證，孩子擔心考試考差時也會有同樣的結果。將注意力集中在呼吸上，能夠強迫孩子將身體帶回現實世界，讓他們把注意力從引發焦慮與擔心的事件上轉移開來。深呼吸可以安撫孩子們，引導他們走出焦慮帶來的情緒與生理漩渦。其實，深呼吸常被忽略的益處之一，就是讓孩子能夠快速回到現實的能力。

深呼吸不是人人可行

特別值得注意的是，深呼吸對於少部分的人來說可能會有負面的影響，這樣的負面影響會讓焦慮感不減反增。如果你或你的孩子經常有暈眩、深呼吸運動後變得越發焦慮的現象，請暫停深呼吸。試試正念或分心等其他技巧來安撫自己或孩子。

如何教孩子學會深呼吸

向孩子提議「我們一起做深呼吸運動吧」可能會感覺怪怪的，甚至會被孩子拒絕。話雖這麼說，但我們也別低估孩子對於新事物的接受能力。不妨這樣：先用口頭解說，讓孩子了解新事物的益處，然後才將新的或不同的事物帶進他們的生活中。中年級以上的孩子已經有足夠的能力去理解呼吸對於生理與情緒上造成的影響——他們能夠了解深呼吸可以讓心跳速率下降、放鬆肌肉、將他們的注意力拉回現實。至於年紀較小的孩子，則需要家長協助了解深呼吸能夠幫助他們放鬆並維持冷靜的情緒。無論如何，都要讓深呼吸感覺起來是件快樂的事。

可以用以下的遊戲方式，來為深呼吸運動增添樂趣：家長與孩子各站在桌子的兩頭，兩個人各拿一隻吸管，輪流用緩慢、穩定的呼氣來吹動一顆玻璃彈珠，讓玻璃珠從桌子的一端滾向另一端。

也可以在睡前介紹一些呼吸遊戲或活動來幫助孩子放鬆，要不然就是早上剛起床時，親子一起進行三分鐘循環的深呼吸運動。規律的行為能夠幫助孩子將深呼吸植入他們的生活方式中，讓深呼吸成為一種有力的預防措施，甚至是一種治癒焦慮、壓力與擔心的工具。

幫助孩子練習深呼吸

當焦慮感佔上風的時候，大腦中負責思考的部分就會自動離線。此時可以透過刻意且正念的呼吸模式來安撫杏仁核，減輕焦慮感，讓大腦中負責解決問題以及思考的部位重新連線。透過這樣的方法，能讓焦慮兒告訴自己的大腦：「我們現在很安全。」這樣他們就能把注意力轉移到更重要的事情上面。抗焦慮課程講師克里斯．麥考利（Chris McCurry）博士發展出一系列非常適合讓孩子做做看的呼吸運動。我們選擇收錄了以下三種運動。

找到呼吸的節奏

幫助孩子找到呼吸的方法，對他們來說非常實用，可讓孩子習慣深呼吸帶來的生理感受。而且，透過有意識的呼吸把注意力拉回當下，也會為孩子帶來一種療癒的效果。

1. 陪在孩子身邊。請他們自然地透過鼻腔呼吸。幫助他們找到自己舒適的節奏與速度。他們可以選擇要不要閉上眼睛。
2. 請他們感覺，當氣息透過鼻腔一吸一吐時，身體所產生的各種感受。隨著每次緩慢的吸氣，他們可能會察覺吸進來的空氣讓鼻腔周圍的肌膚感覺是冰涼的。引導他們進而察覺，隨著每次吐氣，呼吸會變得越來越暖，因為身體會將流出鼻腔的空氣加熱。
3. 鼓勵孩子們繼續呼吸，並察覺呼吸中更細微的變化，例如呼氣的速度與壓力、溫度、流暢度與呼吸時是否有任何雜音等等的事件。我們也可以邀請孩子們察覺自己體內與體外的其他感官。如果孩子發現自己注意力分散了，那麼家長就可以溫柔的引導他們將注意力引導回鼻腔與呼吸上。
4. 集中注意力，做完五到十個吸吐循環後，對於年紀小的孩子們就已經是一次足夠的訓練循環了。

親子一起進行緩慢而深長的呼吸

想要讓焦慮的孩子冷靜下來，有一個好用的方法，那就是親子一起做深呼吸。以下是引導孩子一起深呼吸的指示：

我們一起來做三個深呼吸吧。準備好了嗎。現在從鼻腔吸一大口氣。一、二、三、四、五。現在憋住氣。一、二、三。好了，現在用嘴巴把氣吐出來。一、二、三、四、五。我們再做一次。

如果能在平常身心穩定時先練習深呼吸運動，那麼在孩子慌亂時，就較易引導孩子和你一起做深呼吸運動。

腹式呼吸法

身體正處於警戒狀態的時候，可用腹式呼吸法快速掌握身體狀況並穩定精神。腹式呼吸法可以在任何地點、任何時間執行。不管是在超市排隊結帳時，還是在上台做簡報前，都可以用腹式呼吸安撫自己緊繃的神經。甚至在忙碌的一天接近尾聲時做幾個腹式呼吸法，也能排解身體裡不必要的壓力。

以下是孩子們可以練習腹式呼吸法的方式：

1. 建議孩子們找張舒服的椅子坐下來，背部打直，腳放地上。
2. 請孩子用食指找一下肚臍眼的位置，然後將手掌平貼在腹部。

3. 接著請孩子吸氣。在孩子們吸氣的同時，請他們想像自己正在吹一個氣球，而這個氣球正貼著他們的手擴張。繼續將這個氣球充氣，直到吸氣的步驟完成。

4. 接著吐氣，想像氣球正在洩氣，直到肚子在手掌下面感覺有點凹陷為止。

5. 每次練習，做八到十個呼吸就夠了。一天當中可以練習好幾次，最佳練習時間點是早上起床與晚上就寢前。

還有許多親子一起練習的呼吸運動。請上網搜尋 Parenting Anxious Kids。也可以在線上找到其他的呼吸運動，或到附近的圖書館或書店來取得更多有關呼吸練習的資源。

讓深呼吸成為孩子生活中的一部分

如果想要將深呼吸變成有效控制焦慮傾向的工具，就得讓這個習慣融入孩子生活中。目前許多學校都已經知道，健全的心理健康將會為學生的學習帶來許多益處，所以紛紛在班級的活動中融入許多練習，包含深呼吸的推廣、正念練習或瑜珈等。大部分的學校除了常態性的體育活動之外，也將常態性的心理健康教育視為必選修的課程。我們建議家長也將心理健康的活動帶入家庭中，成為全家人每周的常態性活動。正如全家一起用餐可以增強彼此的情感連結一樣，家長也可以花時間與家人一起進行正念、冥想與深呼吸的活動。

此時不做，更待何時

冒昧的問一句，請問你預計什麼時候開始教導孩子深呼吸呢？

單就孩子的成長時間線看來，想讓孩子養成一種習慣，國小是最理想的時間點。這個年紀的孩子很能適應新的習慣，雖然他們可能會在青少年時期偏離這些習慣，這些東西又會在孩子長大後回到他們身邊。習慣的養成必須從十歲以下開始，例如在餐桌上與他人共餐、發展好的睡眠與運動習慣等。這些習慣會銘刻在孩子的生命裡，成為他們生命的一部分。

就從你每天練習十分鐘開始吧

如果家長或其他孩子信任的大人們（例如老師）也一起練習，那麼讓孩子成功培養習慣的可能性也會跟著提高。這種模仿理論不但能夠將行為深化，還有以下兩個更廣泛的用途。第一，我們先前提過，透過模仿家長的行為，孩子獲得了肯定；以深呼吸來說，模仿讓深呼吸成為一種有趣、可接納的活動。第二，孩子能夠透過觀察大人的行為，學習到深呼吸練習的精髓。

如果大人也沒練過深呼吸，那麼請記得，想要在壓力之下深呼吸，剛開始不容易。我們建議每天花十分鐘練習深呼吸運動。每天選擇一個時段練習呼吸運動，持之以恆。你也可以考慮將呼吸運動與其他活動一起做，例如常態性的上健身房，或者每日一跑／走。把新的活動與舊有的習慣綁在一起，就能讓你提高養成新習慣的可能性。

焦慮時刻的應對方案

常態性的深呼吸是一種很棒的心理健康活動，它可以補充精力、幫助孩子放鬆，抒發累積的壓力與緊張。正如運動可以降低身體的壓力荷爾蒙並刺激腦內啡分泌，深呼吸可以引發腦部釋放人體內天然的止痛劑與情緒調節劑，同時也是一個很棒的工具，幫助孩子在高強度的焦慮感下控制他們的情緒狀態。如果孩子已經練習深呼吸一段時間了，那麼焦慮時，只需要一位冷靜且關心他們的成人在一旁做簡單引導，應該就足夠讓他們減緩腳步，開始深呼吸。但如果孩子剛開始練習深呼吸，這樣的引導則可能引發反效果，使孩子更加沮喪。在這種情況下，最好的做法是邀請他們與你一同深呼吸。在一起深呼吸時靠近孩子，讓孩子的呼吸與你同步。這種鏡像效果可以在孩子恐慌或無法冷靜時產生正面的影響。當然，你本身也必須要保持冷靜，這對沮喪的孩子來說有種撫慰的效果。陪伴在孩子身旁，直到他們放鬆並冷靜下來，他們的情緒狀態就會慢慢開始與你的情緒同步。

第11章 正念思考

人類的心靈配有躁動的靈魂，人總是讓心靈四處漫無目的遊蕩，可能上一秒還在椅子上舒服放鬆的你，突然間想起了一件過去的事——過去的錯、以前某個尷尬的瞬間——隨著這個回憶你想起了過往的情緒。下一秒你的想法可能推進到了未來，期待著一個令人激動的事件，或因為某些全新、可能會讓你感到不舒服的事覺得害怕。接著你會感受到隨著這些事件而來的情緒——對於期盼已久的事物感到快樂，而避之唯恐不及的事件則讓你焦慮。

不羈的心靈同時擁有好的跟壞的面向。當它讓我們窺見了正向的未來，可以讓我們感到快樂，激勵我們的表現。但是當它將我們與過去還有未來那些讓我們害怕、不安的事件做連結，也足以引發我們的不安全感與焦慮。我們不羈的心靈需要放鬆，需要於「當下」穩定下來，讓我們有機會可以放鬆、冷靜於我們眼前的事物。這樣一來，我們就能夠覺察「當下」的事物，而非將焦點放在過去或未來。

本章中，我們將討論如何使用正念這種工具來引導孩子把精神放在當下的時刻。我們會探討正念的運作，以及為何正念對於焦慮的孩子而言是非學不可的技巧，還有如何將正念帶入到你與家人的生活中。

是冥想也是生活方式

許多讀者可能對正念練習不陌生，有些學校現在甚至將正念練習融入到校園生活中。正念是一種冥想的形式，這種方式借用感官來當成通道，將注意力帶回到當下的時刻。它也是一種方法，用來制止不羈的心靈四處遊蕩，將心靈集中在當下。

正念不僅是一次性的活動，它更是一種生活方式。你是否在排隊時低頭划手機，而非放空作作白日夢？每天早上起床時，是否給自己足夠的時間清醒，而不是馬上檢查你的電子郵件？你是否一次只專注於一項事務，或是你已經變成同時煮飯、聽小孩念書與計劃隔天重要工作會議的專家了？這種生活方式讓人感到疲累、壓力大，且容易引發焦慮，因為生命的節奏變得零散，脫離了當下。活出正念生活，表示當我們將專注力與想法一次只放在一件事情上，此時我們將會對自己所處當下的周遭環境更加關心。同時，當我們減少了使用手機的時間，就表示我們能花更多時間在當下的時刻與感覺上。

正念如何幫助減緩焦慮

如同我們先前敘述的，焦慮症是由下層腦部（又稱爬蟲腦）的「戰或逃反應」所引發的不良結果。換句話說，我們大腦的設定是在危險情況時必須選擇逃跑或戰鬥。但是，我們的爬蟲腦無法辨別「現實」與「幻想」。它面對工作面試、眾人面前發表演講時所作出的反應，可能與我們面對真實危險情況時相同（前提是你很怕面試或公開演講）。

正念對於焦慮是一劑強力的解藥，能帶領我們回到現實，讓我們的杏仁核冷靜下來，帶來生理上、情緒上與行為上的改變。正念將我們帶回當下的時刻，關閉戰或逃反應。這樣的改變只要一眨眼就能做到。下次你因為即將來到的事情倍感壓力時——例如發現自己的心神開始飄移、坐立不安、想逃、煩躁不已、情緒疲乏或沮喪——請先移動到安靜的地方，最好是戶外。接著做一下腹式呼吸法，將眼睛用力睜開，四處張望並說出五個你眼前所見的景象。完成後，如果你還是感到疲憊或擔憂，可以重複一次上述動作。持續這些步驟，直到你冷靜下來為止。這種簡單的正念練習無法完全解決你的問題，但是能幫助你覺得比較冷靜、回復控制力，讓你更有勇氣面對即將到來的挑戰。

對於經常處於極度擔心狀態、經常想太多或躊躇不安的兒童與青少年來說，他們的行為很容易會觸發開關，讓自己的爬蟲腦送出強烈的訊號，激起戰或逃反應。正念可以幫助孩子放鬆，讓他們減少壓力、過度疲勞或失控的感覺。

大人的陪伴帶來安定

你是否曾經與不快樂的孩子相處，接著突然發現自己也變得不快樂了起來呢？這種現象是有原因的。人是群居動物，本能就會模仿並接收旁人的情緒。這種情緒的傳染是一種團體的功能，會產生這種功能主要來自兩種肇因。首先，人類比較可能會接收到的情緒，經常來自較為親近的夥伴，或者你較為認同的人。第二，極端情緒（如沮喪或憤怒）往往比中間情緒（如不耐煩或冷漠）更有感染力。比方說，如果孩子因為同儕給他負面評論而非常沮喪，此時家長或老師往往也會跟著一起反應過度。

當孩子沮喪、情緒失控或因為焦慮感而崩潰時，此時需要身邊的大人們冷靜下來並控制好局面。如果能「焦慮」這種強烈的情緒是有感染力的，那麼「冷靜」也可以傳染給周遭的人，只不過「冷靜」屬於中間情緒，需要多一點時間與力氣才能擴散。若大人已經做過正念練習的話，碰到孩子沮喪時，大人就比較能夠著眼於當下的時刻，反應也較為冷靜。所以，**若想要讓孩子變得更加正念，更加專注在當下的時刻，那麼大人也必須要學會正念。**而想要學會正念，就必須要加以練習。

你可以這麼做

將正念作為孩子學習的榜樣是至關重要的，因為在面對壓力與焦慮引發的情況時，正念是一種健康的應對方式。

孩子往往處在最近的位置觀察他們的家長。孩子看著我們最開心的時刻，也目睹了我們驕傲的時刻，同時他們也看見了在我們回應壓力與挑戰的方法。他們會看見，我們究竟會避開挑戰，或是深吸一口氣然後迎頭痛擊這些問題。這些反應都會讓孩子學到極為重要的一課。如果我們面對問題時總是大驚小怪，那麼有一定的可能性會讓孩子覺得面對挑戰時，小題大做是一種可以被接受的反應機制。當我們面對困境時選擇用慎重、冷靜與正念的態度去面對，我們就能讓孩子知道如何用同樣的態度來面對問題。

人在陪伴孩子，心也要在

家長最困難的工作，莫過於是在陪伴孩子時做到「身心靈全人都同時陪伴著孩子」。我們在身體上可能會與孩子非常接近，但是我們的心靈已經跑走了，或許是在思考工作的問題、想著晚餐要吃什麼等等。扶養孩子代表著生活中充滿各種優先順序的取捨。反過來看，這也表示對於家長而言，很難單純只把焦點放在孩子身上。當我們的反應是「下一步應該怎麼做？」的話，那真的很難專注於當下的時刻。身為第一線的家長，生活中有太多的突發狀況會阻擋我們的注意力，所以事前必須設立一些規範，以便照顧到真正重要的事。

以下四個基本守則，可以幫助我們擺脫多工狀態，並保證你在家的時候可以處於一種「人在，心也在」的模式：

1. 與家人相處時把電子產品晾在一邊

這個建議，很多家長應該都聽過。家長可以設立使用電子產品的規範，然後家長和孩子都要一起實踐。可以試著培養這個習慣：在家時將電子產品放在指定的位置，不要隨身帶著走來走去。這樣一來你就比較不會被不必要的訊息分散注意力，也不會在應該要全神貫注陪伴孩子時，迷失在網路世界中。

2. 進家門前先做一次「精神排毒」

由亞當・佛雷澤（Adam Fraser）博士所創造的「第三度空間」概念是一個非常聰明的點子，可以幫助我們在與家人相聚時，將讓人分心的事物先擱在一邊。「第三度空間」指的是，當我們從某個活動或地點，轉換到另一個活動或地點的時候，中間的一個想像（或實體）

的地方。例如進家門之前，先停下手邊的事，回想自己的一天，做幾次深呼吸來幫助自己放鬆。然後回家後陪伴家人時，你就已經做好準備，全心的投入。

3. 一次只做一件事

多工（或一次同時做很多事）是一種習慣，但它也是一種我們能做的選擇：選擇一次做一件事，或最多兩件事，容許自己不要同時做其他活動，即便對你或孩子而言都很重要。例如你可能正在煮晚飯，而孩子需要你的注意力，你當然知道孩子的問題非常重要。但此時你選擇一件事來做，而非將注意力分給兩個活動。你可以選擇將晚飯放在一邊並對孩子投以全部的關注，或者對孩子說：「我知道這件事對你很重要，我也想全心全意陪伴你，但現在不是一個好時機。只要我把晚飯準備好，我們就可以一起坐下聊聊你的事。」按事情的優先順序來投注你的專注力，這樣一來你就能夠全心投入並有效率的完成兩件事，而不是同時做兩件事情但無法將兩件事都做到最好。

4. 記得預留專屬的一對一時間

我們從很早以前就知道，一對一時間能夠讓家長與孩子建立緊密的親子關係。花時間與孩子相處，並一起做一個活動，能夠累積你的情緒資本，這些資本將會支撐你挺過孩子在青少年期可能出現的各種風暴與動盪。為了要讓一對一時間發揮最大效果，你需要全神貫注、人在心也在的陪伴孩子。親子相伴時，盡量讓自己感到舒適與愉悅，一起享受共同參與活動的時光。而且大人要特別空出時間來進行這項美好的活動，否則效果不佳。孩子還小的時候，他們當然會想要與你相處，所以一對一時間是很好安排的。等孩子成長進入到青少年期，家長就必須要堅持一點，也需要花些創意，才能配合孩子們成長的速度，陪孩子一同活在當下。

介紹正念練習給孩子和青少年

想要讓正念成為孩子焦慮管理的好工具，就必須時常練習使用正念。我們推薦你，為孩子設下這個目標：每日三組，分散在不同的時段練習。四歲左右的孩子只要稍加解說就可以練習正念，但需要大人陪伴一起練習，而且每次練習只須持續一到兩分鐘，內容包括腹式呼吸法、集中注意力在自己的想法上等等。也可用天上飄過的雲朵、小溪裡漂浮的葉子等影像，來幫助年紀較小的孩子們客觀檢視自己的想法。

而年紀較大的小學生與青少年，則需要花一點時間介紹正念練習。可以用他們的語言解釋正念可以讓他們的思緒慢下來，然後帶領他們把注意力回到當下的時刻。如果可以的話，先了解他們的需求，這樣你就能把正念的好處與孩子的生活結合在一起。例如：孩子可能對於未來的事件想太多，造成他在課堂上不能集中注意力；或者腦中持續出現擔心的想法。這時候就可以跟孩子解釋，正念練習可以幫助他獲得較好的學習成績、更好的表現，也能活得更快樂，因為正念能夠幫助他們活在當下，更能專注於自己正在做的事。

可以鼓勵學齡的孩子每天都要在不同的時刻練習正念。每天早上上學前至少都要練習正念四到五分鐘，因為這樣可以幫助他們做好準備，讓當天在學校的學習以及社交都提升到最佳模式。睡前也來一次正念練習，可以幫助孩子準備就寢與放鬆。

在焦慮的時刻使用正念的力量

我們誠摯的建議，所有孩子都應該要學會正念這項工具，在面對焦慮時才能夠自我調節。如果孩子處於沮喪中，但他已練習過正念，那麼大人就能引導孩子把注意力放到自己的心靈上，藉此讓孩子達到自我療癒的效果。你也可以鼓勵孩子，使用他們的感官將自己拉回到當下的時刻：「跟我一起大大的深呼吸。你看到什麼？聽到什麼？感受到什麼？」又或者，讓他們起身走動，引導他們將注意力放在自己的感官上。

假設這位沮喪或激動的孩子還不熟悉正念，那在他們情緒激動時，很難把正念練習介紹給他。不過，你還是可以試著把孩子的注意力引導到眼前可看到、聽到或做到的事物上面。

接著，孩子的杏仁核就冷靜下來了。

兩種正念的練習

正念練習有許多不同的種類，大家都可以去嘗試，也有很多資源能夠讓你取得不同的正念練習方法。我們推薦兩個應用程式，叫做 Smiling Mind 還有 Headspace，因為這兩個的應用程式都由國家認證的、經過實驗證實的心理健康權威所開發，並且提供一系列不同的正念練習，範圍從幼兒、青少年到成人都有。這些應用程式也都已經上線可供下載。

以下是兩種筆者最喜歡的正念運動。我們透過經驗發現，這兩種練習不但很多元化、容易教學，且針對各種年齡層人士都有效。

一二三四五正念練習

這是一種基礎的正念練習，在戶外練習效果更佳。

1. 描述五種眼前可見的事物。
2. 說出四種你可以感覺到的東西（例如：放在地板上的腳）
3. 說出三種你可以聽到的聲音。

4. 說出兩種你可以聞到的東西（或者，也可以說出兩種你喜歡的香味。）
5. 描述一件你引以為傲的事。

正念散步

這個練習能讓你把動作與正念結合在一起。

1. 身體放鬆，挺直站立，感覺到自己的腳踏在地面上。溫柔地將身體重心從一隻腳換到另一隻，接著將重心平均分散在雙腳上。
2. 放鬆雙臂，或兩手輕輕交握，放在肚臍上方，這樣一來手臂的自然擺動就不會干擾你。
3. 跨出一步，從臀部感受你的腿部擺盪；在足部踏到地面時，察覺足部每個部位的感覺，從腳跟開始，來到足弓，到達蹠骨球，最後是腳趾頭。
4. 接著再跨一步，且重複上述動作。
5. 若練習到這裡，注意力已經跑掉了，則重新將注意力拉回到你的腳與地面接觸的每一個時刻。若注意力跑掉了，也別苛責自己；每個事件都是一次機會，讓你能夠練習將注意力轉回到你的行走上面。練習久了之後，注意力渙散的次數就會減少，而回過神來專注在當下所發生的事則變得越來越簡單。

6. 步伐保持一定的速度，要比平常走路的速度再放慢一點。

轉換主題

也可透過各種不同的活動來跟孩子一起做正念練習。舉例來說，充滿正念的進食，此時需要孩子放慢進食的速度，真切的體會自己當下在吃的東西到底是什麼。鼓勵孩子們將注意力集中在食物的味道、質地以及食物的份量大小。進食時間會變得稍微長一點，但孩子們會發現自己能夠更享受食物了。也可鼓勵他們進行正念的散步，走進花園後察覺自己身體的感覺。而在不同活動的轉換之間，也可以進行正念的小解說，幫助孩子休息或重新專注。

鼓勵孩子對自己好一點（自我慈悲）

正念練習，可將孩子的注意力拉回到當下的時刻與地點。而正念練習能否用來對抗焦慮，關鍵在於孩子的態度。如果孩子害怕或擔心自己沒辦法專注於當下，那麼很可能就會停止了練習。我們進行正念練習的時候，需要的態度是接納的、寬容的、溫柔的。不過，高度焦慮的孩子通常對於自己都非常嚴格，常會因為一些很小的錯誤而嚴厲的苛責自己。當這些焦慮的孩子想要把注意力集中在當下的時候，若他們覺得自己無法暫時隔絕腦中跑出來的各種念頭，就會變得很緊繃、很沮喪。

大人應該幫助孩子了解，在正念練習時，很難阻止腦中跑出來各種各樣的念頭，但是他們卻不必糾結於那些想法。另一點也很重要，就是要鼓勵孩子：當他們出現恍神時，不必苛責自己。只要用寬容的態度善待自己，接著集中注意力在當下。以上這些都是練習正念的重要環節。

第12章 運動

小時候你要是沒事，會比較常待在屋子裡，還是跑到外頭？很多父母認為，他們自己的童年都在外面玩耍，似乎以前的人比較少讓小孩待在室內。當時的電視也很吸引人，但除了一些卡通跟受歡迎的電視節目，就沒有什麼好看的了，孩子不太常黏在電視機前面。父母親也都會叫小孩「出去玩」。他們可能很直覺就知道，玩耍對心理健康有益，雖然他們沒法像現代的父母那樣可以清楚地講出個道理來。以前的父母直覺就瞭解，健康的身體意味著身心都健康，而小孩最好是到外頭玩。

時間飛逝而過，缺乏運動（或說靜態）的室內生活方式，已經衝到兒童健康問題排行的第一名。而且不愛動的孩子不僅可能過胖，也很可能有焦慮及其他心理問題，這可不是空穴來風。運動除了可以促進心理健康，也是孩子可以用來好好控管自己情緒的一種方式。

本章會檢視運動對於兒童心理健康的好處、討論如何利用運動與遊戲來控管他們的情緒，還有介紹一些方法，讓不愛動的小孩來運動。

本書作者麥可與裘蒂的故事

心情低落、煩惱或緊張時，我們兩個人都很自然地會想去運動。事實上，運動是我們生活中很重要的一個部分。運動與體育比賽也是我們小時候生活的重要部份。每當我們減少運動次數，就會感到身體與心理的狀態不佳，這絕非巧合。我們從自身的經驗知道，生活型態有時候會讓我們無法有時間運動，例如有了小孩、要上班、出門旅行等。現在，特別是當我們覺得很焦慮或壓力大時，我們兩個就會很有默契地去做一些活動量大的運動，讓心律上升、頭腦專注。我們這樣做單純是因為運動讓人感覺很好。

運動與身體活動如何有益身心

現在大家都已經知道，運動會對心理健康帶來正面的影響。「有健康的身體，就有健康的心理」，這個口號已經喊了幾十年了，反映出人們長久以來都相信，運動與身體活動跟一個人身心的幸福健康是密切相關。不過現在很多資料顯示，當代的孩童比他們的父母親跟祖父母輩少運動，而且從身心健康的角度來看，他們會付出巨大的代價，因為現在的孩子有較高的比率深受肥胖、糖尿病、焦慮、憂鬱之苦。在我們來看看怎樣能使孩子多動一動之前，先讓我們了解一下，運動與身體活動是如何跟身心健康與焦慮控管有關連。

促進腦內啡分泌

如果你有規律運動，你應該會很熟悉「跑者的愉悅」這個詞。這個詞很貼切形容了一個人經過激烈的健身運動、長跑、網球或壁球比賽後，可能會產生的一種欣快感。「跑者的愉悅」的產生，是因為大腦分泌了腦內啡，這是一種神經傳導物質，它會與大腦裡的鴉片受體器相互作用，降低我們對於疼痛的感受程度，類似嗎啡跟可待因等藥物產生效果的方式。腦內啡是眾所周知讓人感覺很好的化學物質，可以降低痛苦的感覺，增強幸福的感覺。這種腦內啡的分泌也會讓人成癮，這就可以解釋為什麼很多人以前可能根本動都不想動，但後來卻對運動上癮。

在運動中建立正念

正念可以幫助孩子把注意力放在當下，緩解身體戰或逃的反應，而需要身體活動的遊戲，或某些活動量大的肢體活動，也會有類似的效果。孩子的注意力會高度集中在眼前的遊戲或活動中，而抒解了憂慮、擔心與壓力。球類比賽或團體賽事的活動比較可以達到這樣的效果，因為要非常專注在比賽上面，但像散步這種重複性的活動，我們的思緒可能會飄來飄去，無法帶來什麼影響。

抒解肌肉緊繃

孩子在焦慮的時候，他們戰或逃的反應正處於高度警戒當中，這時心臟會把血液輸送到主要的四肢，以便預作準備，當威脅來臨時可以迅速有效地應變。孩子手臂、腿、肩膀的肌肉因此就會緊繃起來，準備隨時採取行動。一旦危機解除，肌肉就會放鬆，沒那麼緊繃。不過，如果出現的是焦慮，肌肉的緊繃會持續得很久，而且會一直覺得很有壓力。在運動與身體活動過程中產生的深呼吸，有助於放鬆肌肉，減緩長時間累積下來的焦慮感。

幫助睡眠

孩子的睡眠常會受到壓力、憂鬱和焦慮影響，運動可以改善這些情況。我們後面會更仔細討論睡眠對孩子心理健康與焦慮控管的重要性。不過現在只要先記得，運動與身體活動可以讓身體放鬆，抒解肌肉緊繃，幫助孩子進入良好的睡眠狀態。

減輕焦慮

焦慮是在平常生活中慢慢累積起來的，所以有時候我們甚至都不知道自己在焦慮。我們可能下班回家以後，或者經過一整天都在講令人壓力大的電話之後，還是處於非常緊繃狀態，但自己完全沒有感覺，要等到某個人或某件事把我們的注意力轉移開之後，我們才會發覺，例如，突然毫無理由就對某個家人大發雷霆。在這種情況下，做些肢體運動就會有所幫助。

孩子也是一樣。他們可能會把白天的壓力帶回家，心情變得很差。要不他們可能是對兄弟姊妹或爸媽亂發脾氣，做為一種發洩自己壓力與緊張的方式。運動與身體活動是一種健康的方式，可以改善心情，消除壓力與緊張，不論是跟朋友玩需要動一動身體的遊戲、自己去投籃球，或者到公園跑步。

讓運動成為一種家庭文化

父母可以塑造出一種氛圍，讓運動和獨立自主的精神成為「這就是我們在家裡要做的事」。同個家庭的孩子，通常會有類似的價值觀，從事類似的活動，這就是他們家庭文化的展現。將運動與身體活動帶入家庭文化，讓它成為一種生活方式，而不只是一種偶爾才出現的補救活動。這才是把運動深植於家庭文化的最有效方式。

離開沙發

如果你是喜歡運動、動一動身體的人，那很有可能你的小孩也會有樣學樣，特別是他們還在幼兒園與小學階段的時候。

我們倒不必太過於極端，非要小孩運動不可，但是當父母親有規律地運動、從事體育活動、擠出時間來運動，就等於在向孩子傳遞正面的訊息，告訴他們運動的好處。

跟孩子一起

「走吧，我們去外面玩。」

上一次你跟孩子這麼說是什麼時候？希望不是很久之前。幼兒園與小學階段的孩子很喜歡爸媽跟他們一起玩遊戲，或者出去外頭玩。青少年則是會假裝對父母的提議沒興趣，但其實他們心裡頭是很高興父母願意跟他們一起玩，就算只是想證明，他們可以打敗爸媽，或者證明他們現在比爸媽更厲害。跟孩子一起運動還有很多附加的好處，包括建立良好的親子關係、鼓勵公平的競爭，還有教導他們關於堅毅與誠實的價值觀。「按照我做的去做，不是按照我說的去做」會對孩子有長遠的影響。

培養運動的心態

科技進步讓我們的生活更便捷，使我們不必太費力就能夠做到我們上一輩從事的各項活動。網路讓我們不必得跑到圖書館把書借出來，就能獲得資訊。未來的無人駕駛汽車讓我們不必走路。Uber跟其他外送服務讓我們不必離開家門就能享用晚餐。如果我們願意的話，幾乎不必費什麼力氣就可以生活。但如果身心健康是首要之務，我們非常建議可以有另一個選擇：找機會、或甚至製造機會，隨時讓孩子動一動。例如鼓勵他們用走的或騎腳踏車到鄰近的地方，而不要開車接送他們。也可以請孩子幫忙做做家事，讓他們動一動，例如像是幫忙整理花園、去倒垃圾。任何可以讓他們活動身體的事情都可以。

七個讓孩子動一動的建議

你可能覺得孩子太久沒運動了，他們或許不喜歡運動，喜歡休息時看看電腦、讀一本書，或是磨練學習技巧。就算你盡了全力讓他們到外面活動一下，他們也是心不甘情不願。以下是一些建議，可以幫助鼓勵孩子動一動。

1.用計步器計算走了幾步

小孩子都喜歡這種小東西，更喜歡拿來測量自己的表現如何。給他們一個計步器，這樣他們就可以計算自己每天走了幾步。然後製造一些小小的挑戰，讓他們有動力每天多走一走。例如，今天你可以比昨天走更多步嗎？最快走完一百步要多久？一千步呢？一個禮拜可以走幾步？也許你可以記錄每天走了多少步，然後來辦個家庭比賽？各種可能的做法非常多。

2. 戶外就是遊戲區

足球、板球、投球、籃球、田徑運動、爵士芭蕾，這些都是我們熟悉的常見戶外活動，但不見得每個孩子都喜歡。請想想，並不是每個人都會對傳統的戶外體育活動有興趣，所以不妨想想，或許孩子喜歡其他的活動，例如攀岩、跳舞或武術。要有耐心，有些孩子需要一點時間才能找到適合自己的運動。

3. 做做功課，休息一下

強逼小孩到外面去玩，可能會造成反效果，讓他們心生抗拒。「你要我到外面去玩是吧？我們等著瞧。」某些固執的孩子可能會這樣想。建議你不妨把身體的活動當成是一種獎勵，特別是當成寫功課或做學校作業的一種休息。小孩或許會喜歡到外面踢球，射門得分，所以讓他們做做功課之後到外面休息一下。

4. 用這個換那個

有些孩子喜歡跟父母談條件。如果你的孩子喜歡這種方式，可以考慮跟他們談，把花在電子設備上的時間，跟運動或動動身體的時間交換。你會用怎樣的比例來跟孩子談？

看電腦一小時，換運動一小時？還有要考慮運動的性質，例如是活動量很大的運動，還是只是帶狗在附近散步？這都看你、你的孩子、還有你的談判技巧而定。在你對小孩使出這招之前，最好先磨練一下你的討價還價能力。

5. 找找看有沒有很酷的課程

不是每個小孩都可以被激勵去運動，但這也不代表你要放棄。找找看有沒有什麼課程或活動是有「附加價值」的，像是看起還會很酷的，或者有機會可以交到朋友、帶有大膽冒險成分的。瑜珈、合氣道、滑板運動或許會展露某種特殊不凡的氣質，能夠讓孩子會想去動一動。

6. 或許孩子想要表現一番

有的孩子喜歡贏，有的喜歡跟朋友一起玩，有的則是喜歡表現。哪一種可以激勵你的孩子？如果是喜歡表現，那就有很多可能性，可以把運動跟想要表現的慾望結合起來。爵士芭蕾、跳舞或是體操，或許可以讓你的孩子想要動一動。

7. 簡單運動即可

有些孩子就是不喜歡一般的體育活動。但這不代表他們就無法動動身體。要讓小孩活動身體，可以簡單的只是叫他們每晚出去遛狗，或者到家附近的室內攀岩中心去爬牆壁。最重要的是，動動身體可以抒解他們的壓力、調控他們的焦慮狀態，照顧他們的身心健康。

孩子焦慮時，讓他們動一動

小孩感受到輕微的焦慮時，就叫他們去去動一動。若他們覺得焦慮到不行的時候，最適合做的是腹式深呼吸，讓他們的杏仁核平靜下來。不過平靜下來之後，可以的話，最好讓他們動一動。你可以直接建議孩子說，「要不要到外面去踢一下球，會讓你感覺比較好。」或者你可以故意叫孩子幫忙做事，例如帶寵物出去遛遛、騎腳踏車到店裡面幫你買東西。等到小孩夠大，你可以跟他們直說，可以利用運動來改善自己的心情、降低焦慮，讓他們最終能夠調整好自己的心態，面對會讓他們產生焦慮的狀況。通常小孩覺得很憂慮擔心時，最不想要做的就是去動一動。幫助他們把焦點從自己身上擴大到外界，做些讓他們的生理機能恢復平衡的活動。孩子在焦慮時，除了對抗腦中的思緒，也在對抗生理的狀況，而透過運動、遊戲或某些運動量大的活動，可以讓他們有效恢復平穩與鎮靜下來。

第13章 「認知脫鉤」的技巧

現在的你，在想些什麼呢？和幾分鐘前想的一樣嗎？還是已經轉移到新的方向去了呢？當你聚焦在自身行為時，可能會很難察覺到自己的想法；對大多數的人而言，日常生活就是聚焦在自己身上，把該做的事做完，接著去完成下一件事。不過，「專注在想法上面」這件事，對於你自己、你的辦事效率及孩子的心理健康都非常重要。本章中我們將會為您介紹一個名為「認知脫鉤」的工具，這個小工具能夠幫助您的孩子將注意力從負面想法上轉移開來。首先，我們需要多了解一點關於思維覺察這個概念，稍早在本書中已經有約略介紹過了。

夏洛特的故事

十一歲的夏洛特一早起床時，想到自己從今天起就要去參加為期四天的學校營隊。她已經擔心好幾個月了，她覺得自己會想家，而且她害怕一旦想家的事情被同學知道，自己就會變成那個沒有人喜歡的遜咖小孩。她一直告訴自己「我會很想家」、「我是又遜又無聊的人」。無論這些想法是真是假，其實都不重要。這些想法對於夏洛特的感覺與行為，產生了負面的影響，也變成了她的「核心故事」（overarching story）。

想法，並不總是代表事實

夏洛特，就像我們一樣，憑藉著她腦內的想法來告訴她如何過生活——她應該做什麼，要躲開什麼。不過，她的想法並不總是代表事實，雖然她表現得彷彿那些想法就是真的事實。很多孩子像夏洛特一樣，無法將「想法」與「事實」分開，然後深為此事所苦。他們之所以會逃避，是因為他們相信自己會失敗、無法完美達成任務，或是大家都會笑他們。又或者，他們會試著面對自己害怕的情況，但是面對這些事所付出的努力與精神，將會對他們心理健康與福祉造成重大的影響。思維覺察，或稱後設認知（metacognition）的技巧，可以幫助這樣的狀況。

什麼是思維覺察

思維覺察就是「觀察自身」的能力，更準確地來說，就是思考「思考」這件事，但不一定要用分析的方式。這是一種人人皆有的能力，讓我們能夠退一步去檢視自己的想法。

孩子可以試著聆聽自己腦海喋喋不休的對白以及對話，透過這樣的訓練來達到思維覺察。可以用以下簡單的方式，將思維覺察介紹給孩子：請孩子站在鏡子前面，並且察覺想法正在操控他們眼前所看到的東西。孩子可能會告訴你他們所看到的東西，做出一些描述，像是：「我有一頭黑髮」、「我站得很直」、「我的眼睛是藍色的」這些都是觀察而非想法。這樣的差異非常細微，不過對於他們行為與感受來說，這樣的差異卻是十分巨大的。接著再次挑戰他們，要求他們告訴你，透過「想法」看見了什麼東西。他們可能會說：「我很漂亮」、「我好小」、「我這樣的身材對於運動真的不在行」。這些敘述都是想法而非觀察。想法是厲害的說書人，所以退一步去檢視故事的能力，對於調解孩子的焦慮而言非常重要。

夏洛特帶到學校營隊的「核心故事」是她需要媽媽，而且自己不受歡迎。而她的故事乃是透過一連串來來去去的想法所呈現出來的。這些想法很可能來自於過往的經驗，或者他人曾對夏洛特做過的評價。她可能在幾年前去朋友家過夜時很想家，所以以後就很少長時間離家。但事實上，她從沒有思考過自己是否真的有「想家」的情緒。另外，她可能被一群女孩排擠過，而她們傷人的評論仍在她的腦海裡繚繞。無論這些評論的真實性為何，也不管這些女孩的行為對錯，重點是，夏洛特現在相信這些事情是真的。夏洛特將她的想法與事實融合在一起，所以現在，它們是同一種東西了。

她不需要去相信這些事情，也不需要緊抓著那些故事不放。她可以選擇去察覺這些故事的原形——只不過是一些來來去去的想法，這些想法反映的，可能是一些陳舊、未經證實的信念。

我們通常只會要孩子「把想法從負面改成正面」。把一個劇本從「我真是白癡！」改成「我是聰慧、有無限潛能的人」聽起來很簡單，但這種改寫設定的方法，通常沒用。因為想法就像感覺一樣，來來去去且很難改。更有效率且更實際的作法，反而是教孩子如何接受自己的想法，並提供他們如何與這些想法保持距離的技巧，讓這些想法淡化成為背景音。

棍棒與石頭

大家都聽過這句：「棍棒與石頭會傷我身，但惡語不能傷我半分。」很多學校喜歡教學生這句話，不過這樣的說法並不正確。言語是會傷人的。隨著時間過去，說話者可能都忘記自己過這樣的話了，但是刺耳的話語總能找到方法在聽者的腦海中，持續造成傷害。我們會經常在腦海中反覆撥放這些刺耳的話，直到它們聽起來像是真的一樣。每當我們覆誦這些話語時，我們也在重複那些第一次聽到它們時那種糟糕的感受，例如羞辱、尷尬或受傷。有時候，一直不斷的重複想這些事，也會放大那些感受。我們可以採用以下「疏離想法」的技巧，來減少話語與想法對情緒造成的影響。

教導孩子遠離自己的想法

以下是一個技巧練習：先找出一個持續讓你感到沮喪或煩躁的想法。這個想法會在你毫無防備的時候突然出現，對你造成負面的影響。這個想法的開頭應該是「我……」舉例來說：「我很傲慢」、「我做那件事的成果超爛的」、「我不夠好」。感受一下這個想法對你帶來的影響。

接著在這個想法前面加上：「我有一個想法，就是……」。我們的例子現在變成了：「我有一個想法，就是我很傲慢」、「我有一個想法，就是我做那件事的成果超爛的」、「我有一個想法，就是我不夠好」。現在，你對自己的想法有什麼感受？有沒有覺得稍微好一點了呢？

這次，在這些想法前面加上：「我發現我有一個想法，就是……」。前面的例子現在長這樣：「我發現我有一個想法，就是我很傲慢」、「我發現我有一個想法，就是我做那件事的成果超爛的」、「我發現我有一個想法，就是我不夠好」。現在你的感受如何呢？

練習到這裡，你應該已經發現，每一次都可以感覺到自己與想法拉開了一點距離，那些負面想法帶來的影響也逐漸減少。加上「我有一個想法，就是……」能夠為你帶來一點空間，讓你退一步察覺自己的想法。這樣的空間或距離能夠減少「想法變成故事」的可能性。我們並不追求改變故事裡的字句，而是察覺這些字句並將她們推到背景，減低它們的影響力。

不要重提那個舊故事

另一個教孩子拉出距離的方法，就是賦予他們的想法一個名字。如果孩子經常覺得自己沒救、肥胖或無聊，那麼建議他們用這樣的邏輯幫自己的想法命名。突然間，他們有了：「沒救了的故事」、「那個胖故事」還有「那個無聊的故事」。當孩子覺得自己沒救、肥胖或無聊的時候，跑來告訴你他們的想法，這時你就能協助孩子為這些想法命名。可以引導他們將注意力放在自己正在說的故事上：「這個『我沒救了的老故事』又跑來了。」透過覺察而非改變這樣的想法，你的孩子正在與這個想法逐漸拉開距離，減少這些想法對他們帶來的影響。

有時，你也可以挑戰孩子自我覺察的能力：「你對自己不太公平。你還有救。只要你想要，完全可以做到這件事。」有時，當孩子告訴我們想法，是希望從充滿愛的大人身上獲得肯定。無論如何，「為自己的故事命名」是個非常好的工具，可以降低負面想法對孩子造成的影響。

再唱一次

貝可介紹了一個有趣又有效，又能與思想保持距離的方法給女兒。她七歲的女兒潔思敏正為隔天的爵士芭蕾測驗感到煩躁，一直擔心她會在考試時絆到自己的腳。因此，貝可把用一首兒歌來唱出女兒的想法：「潔思敏一天到晚都在被自己絆倒。」女兒很快地就一起跟著唱，兩人都笑的很高興。貝可並沒有試著阻止女兒這樣想，也沒有用更正向的想法去替換它，而是透過將想法融入歌曲，產生了「把這樣的想法推到了背景」的效果，減少這個想法對女兒的影響。

選擇一個聲音

這裡再提供一個很多孩子都喜歡的有趣脫鉤技巧。請孩子從卡通、電視節目或電影中，選擇自己喜歡角色的聲音，當他們要說出自己內心負面或擔憂的想法時，就可以招喚「黑武士」達斯．維達、史瑞克或樂一通兔寶寶。用「黑武士」的聲音說：「我太笨了，那個考試我一定考不好」。這種技巧會把這個想法中刺人的部分拿掉。這個技巧也一定能減少「無用想法」對孩子帶來的影響。

這個做法有效嗎？

本章的開頭說過，孩子的想法、情況或事件的真實性，其實都不太重要，重要的是那個想法是否有幫助。當夏洛特在學校營隊開始的當天起床，並且重複思考那些她想了好幾個月的想法：「我一定會很想家」、「我是一個又遜又無聊的人」，此時她正讓準備讓自己陷入焦慮之中。這些想法可能是事實，也有可能並非事實，但無論如何，對她來說都沒有幫助。這些想法讓她開始害怕即將到來的事，開始過度換氣，幾乎已經在恐慌症發作的邊緣了。這時媽媽走到她身邊，母女一起做了幾次腹式呼吸來讓夏洛特冷靜下來。其實以目前的情況看來，更好的做法是，夏洛特進行自我調節。也就是說，如果她能夠使用上述的技巧，察覺並檢視自己的想法，讓她自問：「這些想法對我有任何的幫助嗎？」如果答案是否定的，那麼她就應該離這些想法遠一點，並開始面對她該做的事——起床準備參加學校營隊。

焦慮兒需要花時間思考

大人常會稱讚聰明的孩子說「真會想」。不過，想太多的孩子，也非常容易焦慮。讓他們焦慮的原因就是他們的思想，或是他們花太多時間迷失在想法裡。他們會用自己的想像力，建構出前方等著他們的各種難處與挑戰。他們也會一再重複那些負面的思想，重複的頻率之高，最後竟然使得這些思想像是真實的似的。接著他們便會擔心可能會發生的事，陷入焦慮的漩渦中。這種不自覺的一想再想，將會對孩子的心理健康造成毀滅性的影響。就像是卡在脫水模式的洗衣機一樣，他們的腦海將會來來回回的咀嚼同樣一個想法，無限循環。

我們需要鼓勵孩子，能夠退一步並審視自己的想法，是一種很有用的正向心理健康工具。我們可以在與孩子的對話中，慢慢加入一些激發他們思考的話語，像是：「你在做這件事的時候，有發現自己在想什麼嗎？」以及「這是一個想法，還是一個事實？」還有「這樣的思維對你有什麼影響？」用這樣的方式問孩子問題，就能夠展開培養後設認知的過程。

我們也可以培養孩子思維脫鉤的策略，本章中已經大略提過了幾種。我們還可以透過「說出自己的想法」這個技巧，來為他們示範自己是如何遠離腦海中不適當的想法。例如：「我有一個糟糕的想法：我會搞砸那個工作面試。我發現這個想法真的很無厘頭，對我也一點幫助都沒有，所以我就把這個想法擺到一邊了。」這種「把想法說出來」的方式極為有效，能讓孩子了解我們是如何面對負面或無用的想法，防止它們將我們吞沒。

慢慢的，認知脫鉤可以幫助孩子培養更堅強的韌性，因為這項技巧可以讓孩子理智且有條理的面對先前讓他們感到壓力或害怕的情況。這個技巧不一定會使得眼前的困難變得簡單，但思維脫鉤會幫助孩子做出對他們重要的決策，而非碰到困難就選擇逃避。

第五篇

不焦慮的生活方式

焦慮是一種複雜的情緒。它的根深植在孩子的生物基因裡，但是生理、心理與外在環境因素，也同時左右著焦慮在孩子的生命中扮演的角色。一個焦慮傾向的孩子，若能生活在一個早已熟悉焦慮為何物的家庭中，將會受益匪淺。這樣的家庭環境下，父母能夠營造適當的家庭環境，讓作息符合規律，防止不必要的壓力；這樣的父母也能夠為孩子提供工具，例如呼吸練習、思維察覺以及正念思考，幫助孩子管理焦慮的時刻。

孩子的生活方式也會對焦慮產生巨大的影響。只有在有益健康身心的生活方式之下，焦慮管理才會完全有效。

在接下來的篇幅中，我們將探討七種生活因素，這些因素對孩子的心理健康和幸福感有很大的幫助。每一個因素都可以降低孩子經歷焦慮的可能性，使孩子不會被壓力擊倒。若能遵循這七種生活方式，則孩子在焦慮和壓力之下，就會有更健全的運作能力。

這七個因素是：睡眠、營養和腸道健康、遊戲和運動、接近大自然、了解自己的價值觀、志願服務和健康的人際關係。

接著就讓我們進一步來了解這些生活因素，看看它們是如何促進心理健康與福祉，並且加強孩子控制壓力與焦慮感的能力。

第14章 睡覺皇帝大

二十一世紀的生活環境，反而不利於健康的生活。舉例來說，很多人沉浸在手機裡，造成睡眠質量下降。電子產品可讓人恣意穿梭於網路世界，同時也會像古柯鹼等毒品般帶來令人興奮的成癮副作用。手機裡的小藍光會持續刺激腦部，讓人整晚都夜不成眠。睡眠量的下降將會削弱孩子控制思想的能力，激發孩子大驚小怪的情緒起伏，同時降低他們面對問題時的應對機制。

根據睡眠健康基金會（Sleep Health Foundation）最近的一項研究，百分之三十三至四十五的澳洲人睡眠不足，影響了他們的生產力和整體健康與福祉。[1] 這是一個驚人的數字，說明睡眠不足的現象正如流行病般蔓延，但它對健康的有害影響，卻沒有像暴飲暴食、吸煙和毒品那樣獲得同等關注。

睡眠不足在許多已開發國家都是一種常見的現象，包括美國、英國、以及歐洲地區。一項最近的研究檢視了十三個不同國家人民的睡眠習慣，發現接近四成的英國的居民沒有獲得充足的睡眠，睡眠嚴重不足的國家還有愛爾蘭、加拿大以及美國。

缺乏睡眠的情況不只會在大人的身上發生。孩子們也和成人一樣經常蠟燭兩頭燒，過於忙碌的結果就是勉強靠著不理想的睡眠質量在硬撐。大部分的國家及健康權威都建議青少年每晚至少應該要睡八到十小時，但最近的數據顯示，大部分的澳洲青少年，睡眠時間遠少於建議的數值。根據澳洲政府網站 BetterHealth Channel，大部分的青少年每晚的睡眠時間約在六個半小時到七個半小時之間，這樣的數值真的比理想的數值低上太多。有趣的證據顯示，學齡前與國小學生的睡眠時間也達不到專家建議的數值，學齡前孩童每晚應該睡十到十三個小時，國小孩童則應該要睡九到十小時。

焦慮與睡眠不足

優良的睡眠模式，可以帶來深遠的好處。睡眠影響的不僅是孩子的學習力、記憶力與情緒穩定程度，好的睡眠模式還可能與減肥、長壽有關，同時也有益於社交活動。睡眠能夠幫助我們拿出最好的表現。相反的，剝奪了睡眠時間，會讓人體的運作失能——你可能撐得過當天，卻拿不出最佳表現。睡眠缺失與焦慮還有憂鬱都有很深的連結。想要了解這些連結背後的原因，我們需要先快速了解一下睡眠是如何在日常生活中為我們帶來益處。

睡眠扮演著恢復精力的角色。這個行為可以讓大腦清除在白天因為精力消耗所累積的毒素，並幫助創造理想的學習與思考情境，為隔天做準備。睡眠同時也能活化身體，修補組織與肌肉。相反的，睡眠缺失會影響人體修復與復原的能力，讓人們漸漸無法應付困難與充滿壓力的情境。因此，睡眠不足的人在執行日常任務時，會有更大的焦慮感，並且有更高的悲觀主義思維傾向，這與焦慮有關。

睡眠不足會阻礙身體產生血清素的能力，血清素是一種會讓人感覺良好的激素，有助於調節情緒和健康。當身體不能產生足夠的血清素時，我們就會使用多巴胺作為替代品來提升我們的情緒。當我們使用社交軟體或飲酒時，我們會受到多巴胺的衝擊，這些都不是健康的活動。這些活動讓多巴胺濃度高漲，就像速食一樣，可以在短期之內滿足我們的需求，但很快就又會讓我們飢不擇食，因為沒有什麼持久的營養價值。難怪睡眠不足的人經常表示，當他們執行一些較為單調的工作時，焦慮程度反而會更高。

睡眠優先

許多孩子的生活方式，對睡眠相當不利。一般家庭在安排時間表的時候，睡眠的優先順序，都被放到學校、休閒和家庭活動（如吃飯）之後，而非以睡眠為中心來安排其他活動。「孩子的睡眠最優先」這件事，對於家長和老師來說非常重要。要做到這件事，就必須調整孩子們的作業量、課後活動、家庭用餐時間等等，好讓孩子們有足夠的時間來練習良好的睡眠習慣，確保孩子們睡好睡滿。要這樣做，首先要給予「睡眠」應有的尊重。

理想的睡眠計劃

焦慮往往會使兒童和青少年無法入睡，引發擔心—驚醒—擔心的惡性循環。要打破這種惡性循環，不妨借用孩子的自然睡眠時鐘，培養良好的促進睡眠的習慣。但在每日的忙碌當中，常使我們忘了孩子其實擁有他們的生理時鐘。以下五種策略是一個基礎，可促進良好的睡眠習慣，讓孩子或青少年獲得足夠睡眠。

1. 找出理想的睡覺時間

老祖宗的智慧顯示，「規律性」是確保兒童享有良好睡眠的關鍵，而良好的睡眠模式是由褪黑激素的分泌決定的。褪黑激素是一種睡眠激素，它能設定人體的晝夜節律，即二十四小時的睡眠時鐘，有助於控制孩子們何時入睡，何時醒來。褪黑素會對陽光有反應，也會根據正常的季節變化進行調整。這種激素喜歡規律性，對巨大變化的適應性極差——例如跨越時區，或週末睡掉大半天來彌補先前損失的睡眠等。睡眠的益處，其基礎在於根據適合孩子生活方式的角度，建立一個正確或完美的睡眠時間。

以下是找到孩子最佳睡眠時間的方法：

從孩子起床的時間開始倒推。如果孩子必須在早上七點起床，那就從這個時間開始計算，考量他們這個年齡段建議的睡眠時間——小學生每晚的睡眠時間應該在九到十一小時之間——減去十個小時（或者九、十一，取決於孩子的年齡和睡眠史），得到的答案就是晚上該睡覺的時間：九點。

接著，建立家庭內的睡眠前例行程序，以便確保孩子在晚上九點前上床睡覺。例如幫孩子裝鬧鐘，或是早上七點就喚醒他們。如果孩子在起床前十分鐘已經自然醒來，代表他們已找到了最佳的睡眠時間。如果孩子到了起床時間，必須由家長叫醒，那就把孩子的睡覺時間提早十五分鐘。三天後，如果還是得由家長喚醒孩子，就再把睡眠時間提早十五分鐘。重複這個過程，直到孩子可以在早上七點前自然醒來，這個最終的睡眠時間，就是你孩子的最佳睡眠時間。

不同年齡孩子的建議睡眠量

年齡	每日睡眠時間
3～5歲	11-13小時
6～9歲	10～11小時
10～18歲	8～10小時

Source: Raisingchildren.net.au

2. 創造一個規律、放鬆的睡眠習慣

睡眠，可以比喻成「誘惑」：要時間、要對方的注意力，還要搭配正確的情緒。睡前的例行作息，至少要從睡前四十五分鐘開始，不過對於學齡前的孩子來說，這個起始時間可以短一些。建立睡前的例行作息，目的是讓孩子放鬆，關閉他們的大腦，並向他們的生理時鐘發出信號：睡眠時間要開始了。為了做好睡眠準備，必須在離上床時間至少四十五分鐘前停用手機及其他數位設備。如果你的孩子很難放鬆或靜下心來，那麼可以搭配使用輕鬆的音樂、正念思考、冥想、著色練習等活動幫助孩子放鬆，停止胡思亂想。有規律的活動，如睡前刷牙，與父母進行床邊聊天，在床上閱讀或分享一本書，有助於孩子們為睡眠做好準備。

3. 在對的時間進食與運動

當身體放鬆、神經系統平靜時，最容易進入睡眠狀態。因此，可以在用餐前安排一些運動或動態的活動，並將用餐時間安排在睡前三小時，因為食物會觸發神經系統，使孩子更難入睡。你可能需要做出一些折衷，特別是對於年幼的孩子，因為他們必須在晚上七點半之前睡覺。把用餐時間訂在下午四點半，可能有點不切實際，但是從建立健康的睡眠模式的角度來看，我們還是建議家長讓孩子盡可能在睡覺和用餐之間，做出最大的時間間隔。白天的運動、遊戲和動態活動有益於孩子的睡眠。運動與動態活動會讓孩子感到疲憊，使他們更容易

入睡。然而，睡前的運動卻會產生反效果，讓孩子在該入眠的時間刺激他們，讓他們睡不著。

4. 創造一個睡眠庇護所

孩子的臥室有很多用途。它們可能是關禁閉的地方、工作區和遊戲空間。家長可以將臥室指定為睡眠、放鬆的專屬區域，而將家中其他區域作為反省、寫作業或玩樂的區域。「聯想」是一個很強大的概念：如果孩子們經常在床上寫作業，那麼他們很可能會把床和工作聯繫在一起，導致入睡困難。如果家裡空間不足，無法安排專屬的工作區，那麼至少要鼓勵孩子在書桌前工作，而不是在床上。孩子的臥室應該像山洞一樣：黑暗、涼爽、沒有電子設備。

黑暗能促進褪黑激素的分泌，而褪黑激素能調節睡眠──清醒模式。臥室別放任何電器設備，因為即使燈光很微弱，也會影響褪黑激素，導致向身體發出該清醒的信號。數位設備發出的藍光會向身體發出應該清醒的信號，所以在睡眠時間，不可以使用數位設備。為孩子準備一張舒適的床，且讓臥室裡的空氣清新，味道芬芳。

以上這些條件，有助於帶來一種深度的、恢復性的睡眠。室溫也要維持得宜，不要太熱或太冷。人體在沉睡時，調節睡眠的能力會降低，所以幫助孩子選擇合適的室溫可以幫助他們入睡，防止半夜醒來。

5. 在規律的時間起床

當孩子找到自己的最佳睡眠時間後，請鼓勵他們每天都堅持在同個時間睡覺。特別是對青少年來說，週末早上睡懶覺是個很吸引人的事，家長應該敦促孩子改掉這個習慣，因為這樣會讓他們的睡眠時鐘重新歸零，使得週間要上學的時候很難醒來。孩子們在周末通常都會晚點睡覺，但若把睡眠當成最重要的事，則週末的睡覺時間應該與週間的睡覺時間接近。為了達到最佳的睡眠效果，睡覺和起床的時間需要盡可能的規律。

良好的睡眠能夠提升孩子們的情緒，增強他們處理問題和煩惱的能力。特別是青少年，他們很容易因為不斷地晚睡而欠下一大筆睡眠債。但是，相對於那些睡眠充足的人來說，睡眠債會帶來嚴重的後果，導致更多的焦慮、憂鬱和一般的困擾。不幸的是，年輕人不能「儲蓄」睡眠，為未來忙碌的一周儲存睡眠。睡眠不是這樣的。規律和例行公事是睡眠的媒介，需要用紀律和承諾來把睡眠作為一個高度優先事項。

第15章　好好吃飯

在以往，「健康的身體帶來強健的心靈」這句箴言大家耳熟能詳。到今天，這句箴言也必須隨著時代而升級成「健康的腸胃帶來健康的腦袋」。畢竟我們在考慮到孩子的學習能力前，必須先把孩子的心理健康弄好。

健康的腸胃或消化系統，通往一個健全運作的大腦，足夠承受生活在這個快速變遷、科技導向的世代所需的繁重工作量。大腦與身體的連結極為緊密，腸胃往往被科學家與醫學專家叫做人類的「第二顆腦袋」。

腸胃好，心理好

科學家已經開始提出各式關於腸——腦軸線（gut-brain axis）的報告，研究已經證明，腸道微生物菌與臨床的情緒障礙息息相關，例如廣義的焦慮症。腸道內數十萬的細菌健康，全仰賴我們飲食與生活的方式。通常孩子會在體內含有高濃度腎上腺素（這會讓大腦處於高度警戒狀態）與低濃度GABA（γ-胺基丁酸）時，感到所謂的「焦慮時刻」，GABA的濃度有助於安撫大腦。

高濃度腎上腺素與低濃度GABA等腦內失衡狀況讓孩子容易遭遇廣義焦慮症狀與恐懼，讓他們經常處在焦慮與緊張的狀態。這些孩子可能無法在與朋友及家人相處的時候放鬆。對於這些孩子而言，即便是最輕微的壓力場合都能帶來頭痛、失眠與肌肉緊繃。

腸道的運作與焦慮症

我們腸道裡的微生菌叢，是由數十萬的細菌所組成，這些細菌會抵禦外來的入侵者，也會讓腸道系統保持清潔，讓神經細胞得以生產血清素，還有像是GABA這樣的神經傳導物質，能夠幫助調節大腦。血清素又名「快樂荷爾蒙」，可幫助人體穩定心情，同時對於心理健康也有極大的影響。人體需要用來維持最佳心理健康狀態的血清素，大約百分之九十到九十五是由腸道裡的神經細胞所產出。充滿好菌的腸道將會產出足夠的血清素來讓大腦有效率的運作，目前已知的作用，也包含在腸——腦軸線之間發射生化信號。

腸道的健康，也需要好菌來維持。我們的飲食習慣直接影響了細菌的產出，這樣的過程也回過頭來反映在我們的心理健康、以及承受壓力的能力上。能夠促進腸道健康的食物通常富含蛋白質（包括蛋、燕麥、肉類、起司）以及複合式碳水化合物（例如雜糧麵包），同時也不能含有任何添加物與防腐劑。這些好食物可以刺激消化系統活動，培養腸道內的好菌。

高糖分導致焦慮

過去十年間出現了一波強烈的反糖聲浪，許多報導都強調攝取過多糖份對我們健康有負面的影響，而糖分又與日漸增加的肥胖率及第二型糖尿病有很大的關聯。如果認真想要在自己的飲食裡減醣，那麼最好的做法便是遠離加工與包裝食品，多攝取未加工或原形的食物，例如水果、蔬菜以及穀類。

軟性飲料或加工食品中的糖份很快的就會在血管中被吸收掉。這種快速的吸收，會導致人體內的能量維持在高強度，要不然就是急速飆升。大部分的家長對於高糖效應的概念都不陌生——過度興奮的孩子在大啖含糖量破表的蛋糕、軟性飲料還有成千上萬的糖份過後，從生日派對上回到家，他們的眼球可能正快速的瘋狂轉動，他們無法乖乖坐好，發出的噪音簡直要把屋頂掀了。高糖效應一過去，孩子們接著會感到疲倦，開始發牢騷、表現出各種煩人的行為，或變得超級黏人。然後可想而知，馬上就會睡到不省人事。

那麼高糖效應究竟是怎麼一回事呢？身體對於大量攝取糖份所採取的應對機制，便是產出過量的胰島素，來做為控制血糖濃度的方法，接著在一個半小時到兩小時過後，所有的胰島素就會導致低血糖，這樣的狀態會讓身體產生壓力荷爾蒙，這也就解釋了什麼在大吃富含糖份的派對食物後，可能會更容易焦慮或緊繃。低血糖會誘發腎上腺分泌腎上腺素，這會讓整個身體系統都處於高度警戒，接著導致高度焦慮且激動的狀態。更糟的是，高含糖的飲食習慣通常會干擾腸胃生成血清素、GABA 或其他健康大腦所需之激素的重要工作。

你自己或許也曾經靠著糖份、咖啡因與腎上腺素撐過某些時刻，例如考前抱佛腳、工作時開夜車加班，或是參加派對太嗨於是狂吃。短時間的你可能可以用這樣的模式正常運作，但只要時間一久，你一定會崩潰——體力透支或其他生理上的病痛會出現，逼使你停下腳步，改變自己的行為。

營養不良的孩子

今天許多地區已不缺食物，因此還會出現營養不良的孩子，可以說是十分諷刺。澳洲、美國等西方國家肥胖與心理疾病發生的機率如此之高，不分年齡，因此不能忽略營養問題。研究指出，攝取營養價值低下的食物，已然成為焦慮與心理疾病的主要成因之一。

我們都知道，好的營養以及飲食習慣，能夠幫助控制孩子的焦慮症狀，對於長遠的預防性措施而言更是重要。以下提供的健康飲食架構，能夠幫助孩子的身體與大腦維持最佳運作狀態，讓他們能夠有更有效率的表現，也擁有健康的心理健康。

健康飲食五架構

1. 吃原形食物

全球飲食習慣在二十世紀開始出現巨大的轉變，人們對於糖份、零食點心、加工食品、外帶速食與高能量食品的攝取都有顯著的增加。同時間，對於富含養分以及纖維素的食物之攝取量則大量減少。看看你家冰箱或食品櫃中，如果你看到的是貼有商標的瓶子、罐子、包裝盒，那麼你們家的飲食中，加工食品可能佔了絕大部分。若你的櫃子裡擺滿了自製的食物，那麼恭喜你，看來家人和你的飲食中大部分都是新鮮、未加工的食品。

選擇原形食物，來降低家人攝取加工、精緻、包裝與速成食品的比例。加工食物不僅沒營養，也含有高濃度的糖份，這是維持心理健康最大的敵人，同時也要留意其他可能會降低大腦處理壓力效率的添加物。我們建議您選擇富含複合式碳水化合物的食物，它們可以幫助增加血清素，這種提振情緒的激素對於大腦可以同時達到安撫的作用，像是全麥麵包與糙米；不要選擇精緻加工過後的食品，例如甜點、白吐司或白米。身體會需要較長的時間來分解全穀類的食物，在身體需要的時候慢慢釋放所需的糖份。加工過的碳水化合物則會一開始就帶來大量的能量，接著血糖濃度迅速的下降，讓身體感到昏昏欲睡，然後刺激人體製造更多的糖份。

2. 定時用餐、份量要小、營養均衡

人體有自己的一套生態系統，透過適當的休息及營養，它就會用最佳的狀態產出所需的激素。在你睡覺的時候，大腦正處於清潔的狀態，清除一整天製造能量過後所累積的毒素。有了正確的養分，你的腸道就會產生所需的好菌，好菌能讓身體健康，直通大腦的道路也暢行無阻，這樣一來就能釋放那些形塑你情緒的血清素，同時強化你的適應能力。這樣的生態系統靠的是能夠定時續航的優良養分。

小孩子應該少量多餐，每餐都應該有蛋白質，像是肉類、堅果、蛋白球、起司或優格等，還應該有健康的脂肪，例如升糖作用較慢的酪梨跟堅果，來避免高糖效應產生。維持固定的點心時間，來減少無意識的嘴饞，也能防止孩子們吃太多含糖零食。

孩子在感到焦慮或想要讓自己忘記煩惱時，經常會用食物來自我療癒。在某些情況下，這種行為也會導致暴食症。遇到壓力就依賴食物作為安慰劑的行為很快就會變成習慣，這樣的習慣也很難戒除。

3. 一日之計，始於蛋白質與複合式碳水化合物

經歷過焦慮的孩子，通常也會對身體產生的生理變化較為敏感。體內血糖濃度的下降與恐慌發作的感覺相似。一頓富含蛋白質與複合式碳水化合物的早餐，能夠幫助維持孩子整天血糖程度的穩定。想要在孩子的早餐裡增加蛋白質，就把時光倒轉三十年，回到那個把蛋、燕麥與天然優格當早餐吃是件稀鬆平常事情的年代。雞蛋富含蛋白質，方便準備，同時也含有膽鹼，這種營養素可以減緩焦慮並增強記憶力。可以用一點全麥麵包或吐司搭配雞蛋，就能保證整個早上都能獲得穩定且持續的血糖釋放。跳過高含糖量的早餐穀片，試著用天然優格搭配燕麥，加上一杯牛奶，就能提供孩子腸道所需的養分。

4. 飲用足量的水

大家應該都曉得，嘴唇乾裂，口乾舌燥，可能代表脫水。但你知道，這樣的體徵，與焦慮症也有關係嗎？脫水會讓身體陷入恐慌、心跳加速，讓人感覺頭重腳輕且躁動不已。從「充足飲水」到「脫水」的距離其實非常小，活動力強的孩子經常會因為忘記喝水而導致脫水。他們也會因為專注於學習、玩電動或看電視而忘記補充水分。鼓勵孩子隨時隨地都帶著一個水壺，並且定時喝水。口渴時，要學著抵抗想喝甜甜飲料，免得對糖份上癮。定時補充水分唯一的選項就是白開水，這應該要成為陪伴孩子一生的習慣。

5. 讓孩子遠離咖啡因

咖啡或能量飲料裡面的咖啡因，對睡眠有負面的影響。咖啡因是引發戰或逃反映的刺激源，有焦慮傾向的人，最好不要喝，有焦慮傾向的人只要喝一杯中強度的咖啡，都能引發緊張、不安與恐懼。醫生通常建議有焦慮病症或症狀的成人要限縮的咖啡因攝取量。

以前我們只需要擔心大人會不會攝取太多咖啡因，而現在也要留心孩子了。雖然小學的孩子不一定會喝咖啡，但是富含咖啡因的能量飲料與軟性飲料在這個年齡層卻非常流行。青少年則通常是重度能量飲料攝取者。在孩子的大腦發育時期，我們建議完全將咖啡因從飲食當中剔除，直到至少十五歲之後。這表示冰箱裡不應該出現任何含有咖啡因的製品，同時也應該把能量飲料與咖啡改成水、天然果汁等較為健康的選項。

好的養分會為好的心理健康打下基礎。當代家長在一個速食、加工食品與含糖飲料唾手可得的時代養育孩子，同時也暴露在不間斷的媒體及廣告之下。但是，孩子的飲食選擇，主要仍然會受到家長影響，因此請謹慎挑選食物，選擇健康的飲食，給予孩子適當的份量，維持良好的飲食習慣。健康飲食應當是一種生活方式，而非等你生病或想減肥時才去做的事。

第16章 去玩耍

大多數的成年人想起自己最快樂的童年回憶，大概都會提到玩耍，在家附近騎著腳踏車遊蕩，或者打一場體育競賽或遊戲。也有些人則會說自己參與過一些有創意的活動，像是蓋城堡、扮家家酒或換裝遊戲。在大部份情況下，當時他們的父母都不知道他們在玩什麼。

那麼，玩耍的定義是什麼呢？網路查詢會得到「享受及休閒」、「花時間做快樂的事」以及「參與遊戲或娛樂質的活動」等答案。這裡我們借用了史都華・布朗博士以及布芮妮・布朗博士的定義：參與有趣、自由且處於一種流動狀態中的活動。[1]這個活動是參與者高度期待的（有趣）、有自主性（自由）並且我們不會想停止的（流動性）。

來玩三個F

玩耍可以從三個角度來觀察。

有趣（Fun）——遊戲或活動是好玩、引人入勝讓人能夠主動而非被動參與的。

自由（Free）——可以讓人自由選擇並自主發揮，參與者不會被鼓勵參與活動，或被人期待要在活動中做出特定事物。

流動性（Flow）——參與者會失去時間感，也不希望活動結束。

為什麼孩子停止玩耍了

大量證據顯示，過去幾十年間孩子花在玩耍上面的時間正在減少。越來越多的孩子活動是由大人主導的、目的導向的、行程緊湊的。例如足球課、小提琴課、爵士芭蕾課還有課後輔導課。

你最後一次聽到有人說「我女兒這個周末在要玩」是什麼時候？我們常聽到家長說自己假日與放學的時間，都花在帶孩子去運動練習、參加活動或上課等事情上。或許家長並不想讓「自在的玩」這件事從地球上消失，但現實就是，孩子的玩耍未獲得重視，家長重視的反而是「有意義、教育性且充滿規劃」的活動。

雅絲翠的故事

五歲的雅絲翠喜歡到公園玩設施，她很喜歡體能活動，例如攀爬遊樂設施，不過她也會小心。在遊樂場面對比較具有挑戰性的器材時，她會比較謹慎，例如一個恐怖的、高度三公尺高的設施，孩子坐一個圓環上，然後於兩個平台（高低差為一公尺半）之間來回溜動。雅絲翠深吸一口氣，決定冒一次險，她先抱緊設施，然後緊閉雙眼，開始溜下去，一路都閉著眼睛。接著，臉上的表情從「不確定」變成「超好玩」，她馬上就跑回去再玩了一次又一次。

當孩子可以自由自在地在戶外環境玩耍的時候，常會面對許多挑戰。這些挑戰可以鼓勵他們面對自己的恐懼，學會與不確定性共存，逐漸適應不好受的情緒。

控制點理論

大部份型態的焦慮，背後最主要的情緒就是恐懼——因為感覺到自己無法控制情況而恐懼。接著可能導致孩子追求完美，執著於做出過度的準備，甚至讓他們選擇逃避。玩耍對於孩子培養彈性非常重要，因為玩耍會幫助孩子建立自信與能力，幫助他們正面塑造出自己周遭的環境。更重要的是，這也幫助他們建立一種「我能夠掌握自己人生、可以影響並改變那些讓我擔心的東西」的感覺。相反的，無力感則與焦慮與憂鬱息息相關。

在《丹麥的幸福教養法》一書中，兩位作者亞歷姍卓與珊達爾（Jessica Joelle Alexander & Dissing Sandahl）痛陳，已開發國家教養法的缺失。這些教養法推動了一個「外部控制點」，鼓勵孩子要以大人的興趣與理想來當作動力。兩人寫道：「孩子們越來越無法控制自己的生活，他們越來越早感受到這種無力感。近年來這種『外部控制點』的崛起，與我們社會裡憂鬱及焦慮程度的上升呈現線性相關。」[2] 孩子身上背負越來越多壓力，要他們拿出最好的表現，還要預期他們永遠都在最佳狀態。事實上，孩子們比以往任何時期都需要玩耍。

玩耍有療癒功能

在第十二章裡，我們討論了肢體活動與運動能夠透過釋放腦內啡（這是讓人感覺良好的化學物質）來加強情緒與幸福感。為了改變情緒、更佳地控制焦慮，除了可借用運動、體能活動這種工具之外，還能使用有活動量的遊戲來幫助對抗焦慮。它能夠幫助孩子感覺良好，本質上也是療癒的。玩耍研究專家布萊恩・蘇頓史密斯（Brian Sutton-Smith）指出，「玩耍的反面並非工作。它的反面是憂鬱。」[3] 專家都知道，罹患憂鬱症的人，在生活中大多缺少樂趣與玩耍。令人難過的是，拋棄玩耍的不只是成年人，許多孩子自由玩耍的時間也遭到剝奪，或已被其他安排好的活動壓縮掉。孩子的時間大部份奔波於大人安排的活動當中。

讓更多的玩樂進到孩子的生活中

「兒戲」一詞其實很有問題，它象徵了我們對於玩耍的態度。如果一個工作被視為「兒戲」，這就表示這個工作很簡單，沒什麼技巧。「兒戲」這個詞不僅貶低了孩子，同時也輕視了玩耍的地位。玩耍對於維持個人的快樂及正面福祉非常非常重要。

玩耍其實是件馬虎不得的事──千萬別小看它。如果我們不去寫部落格、煮飯或做些有生產力的事，就經常會覺得渾身不對勁。你要我們去玩？我們有太多事情要做了，才沒有空去做這麼瑣碎的事。不過玩耍對於健康的人類發展真的事太重要了──因為玩耍時，我們會單純地「只因為喜歡做這件事而去做」，沒有什麼目標非得達成不可。

我們常覺得孩子好玩、只顧著玩，因此現在要家長去建議孩子們「多玩一點啊」，聽起來蠻奇怪的。不過真的該讓孩子多玩一點，因為現在的孩子，遊玩時間已經不足了。就算長大成人後，也別忘了玩耍。我們希望玩耍與玩心能夠伴隨你的孩子一路成長，直到成年。以下是我們所推薦，五個在生活中納入玩耍的做法。

1. 允許孩子玩樂

學者布芮妮．布朗表示，忙碌是阻止我們幸福的最大障礙之一。現代社會裡，如果你不夠忙，那你就是個失敗的人，或者你已經放棄了。在一個每周工時五十小時以上的世界裡，我們經常否定了自己玩樂的權利。如果大人不去玩，那麼孩子也不可能會跟進。我們需要給孩子遊玩的權利，同時自己也試著輕鬆一點，融入一點玩樂的元素在大人生活裡。

2. 找出玩樂的時間和地點

很多時候，我們雖然知道遊玩的價值，卻把它排在待辦事項的很後面。對很多孩子而言，玩樂往往被擺在學校、作業、家事與大人安排的活動做完之後。孩子和家長同樣的忙碌。玩耍的大敵就是缺乏時間。我們鼓勵你，特別是如果你家裡的孩子正在處於壓力極大或焦慮的情況下，可以安排出一些休息時間讓他們可以去玩。

能夠促進孩子的心理健康，同時又能提供適當冒險感的這種玩樂，通常都會發生在戶外。當孩子從家中的四面牆轉移陣地到戶外時，世界會開始變得有點不確定，甚至有點難以捉摸。不管是在林間、公園、一條安全的街道，或是一個精心設計的遊樂場上，當孩子與朋友嬉戲打鬧、在樹上盪來盪去，或只是從石頭上跳下來，都能幫助孩子學習控制周遭的環境，學習承受壓力。

3. 讓孩子自由的遊玩，不受監督

玩樂最珍貴的部分，就是不受大人的管束。兒童自發性的活動，例如蓋城堡、跟朋友為

了遊戲規則吵架，或想要成為拍球世界冠軍等等，這些事情都不需要大人在旁邊看著。玩樂的目標就是享受樂趣。他們不需要大人去評斷或評論，除了：「我很高興你正在玩。」

家長請抗拒「孩子玩樂時我得陪在旁邊監督一切、我要知道孩子生活中所發生的一切」的衝動。孩子在玩耍時需要自由，不需要雞婆的大人跳出來保護他們遠離威脅、提供意見或阻止他們面對恐懼。很多家長不敢放開主導權，但是我們建議您給孩子一點空間。

4. 鼓勵孩子自己玩

玩樂可以提供孩子很多社交益處，包括學著與年紀比較大、更聰明，或比自己需要更多關注的人談判溝通；知道獲勝跟輸掉的感覺是什麼；並且在與朋友及手足玩樂的過程中，經歷拒絕或其他社交困境。特別是男孩子，經常會彼此爭奪誰最快、最久或最長的頭銜，這樣的競爭有助於他們發展自信與應對的技巧。

就算是獨自玩樂，也能帶來極大的益處。獨自一人的時間可以讓孩子反省並處理今天整天下來所發生在自己身上的事。家長別把孩子的一天塞滿活動，反而應鼓勵孩子花些時間獨處，無論是塗鴉、對著牆壁打球，或是完成拼圖，讓孩子有機會放鬆並想想自己度過的一天。在現代這個馬不停蹄的社會，有時候孩子也會很難找到時間獨處。不過讓他們獨處的確是非常重要的事。

5. 讓其他大人也來參與

您是否會擔心，你放手讓孩子去玩，其他家長會覺得你很遜嗎？當代社會很容易就會倉促作出評價。二〇〇九年，「放養孩子」教養運動（Free-Range Kids）先鋒蘭諾·史坎納茲（Lenore Skenazy）背負了「全美最糟母親」的罵名，因為她在紐約時報的專欄中描述她國小高年級的兒子獨自一人、在沒有成人監督之下去搭地鐵，引起大眾批評。之後她帶頭開始了一連串運動，鼓勵家長與老師給孩子他們需要的自由，讓他們可以在合理的狀況下冒險，因為這樣會讓孩子學會獨立。當然，如果你像史坎納茲一樣允許孩子玩樂、探險並且解決問題時，你很有可能會讓自己輕易地遭受到批評。

換個角度來看，你也可以邀請其他家長加入這個讓孩子自由玩樂的運動。你需要有心理準備，因為你可能得向其他家長解釋，為什麼你的孩子要暫停參與大人安排的活動，享有一些跟自己相處的時間。

我們想起童年，可能都很懷念。因為**人的記憶是有選擇性的**。對於受傷、經歷衝突與失望，或者無事可做的氣餒感都會被遺忘，而好的回憶，例如樂趣與享受都會被放大。**好的記憶永遠會比壞的記憶還要強烈**，所以當我們鼓勵孩子到戶外去玩耍時，其實是在幫孩子一個大忙。

你也可以充滿玩心

你是否曾經躲在一邊，然後跳出來嚇孩子一跳？雖然聽起來有點荒謬，不過這樣調皮的舉動能夠幫助孩子預防焦慮症[4]。這些被稱為「挑戰型教養行為」（challenging parenting behaviours，簡稱CPBs）的方式包含：調皮的摔角、小打小鬧的遊戲、鼓勵自信與冒險行為，還有調侃（只要不會太過火就行）。父親比較會和孩子這樣玩，但若父母雙方都將CPB融入親子遊戲時間，孩子就比較不會產生焦慮的傾向。

孩子們喜歡與父母度過這樣的親子時光，這些活動對孩子來說很有趣、很放鬆，又能透過肢體來展現自己的意見，也能體驗刺激的感覺。從每一個CPB互動上，他們都會學習到主動走出自己的舒適圈，體驗一點焦慮感，並且發現自己其實可以適應這樣的焦慮。他們也會了解，這個世界其實沒有他們想像的這麼恐怖。

挑戰型教養行為可以為孩子帶來機會，讓他們了解自己是有彈性、而且有能力的人，在遭遇到引發焦慮的情況時，自己也能夠去應付。

第17章　綠是享受的顏色

行銷趨勢專家費思・波普康（Faith Popcorn）在一九八一年創造了「繭居」這個詞，形容人們想要整天窩在家裡，更甚於出門找樂子的社會潮流。她成功預測了DVD興起、速食餐廳外送服務，以及有助於人們繭居在家的各種居家服務。這在當時是個大膽的假設，不過就連波普康也無法預見，科技將會為人們的生活帶來多麼巨大的轉變。在世代交替之際，溝通、學習與娛樂都紛紛發展出嶄新的科技型態，這些轉變如此劇烈的加速了繭居效應，恐怕連波普康都想不到。

今天的家庭，不必出門就滿足自己的日常需求。大部分人都覺得住家是最舒適的場所——對孩子而言，舒服到簡直不想離開，他們不需要離開家也能跟朋友玩在一起；透過網路就能與朋友相聚，甚至一起打一場遊戲。戶外空間對於他們的誘惑逐漸減退。澳洲的孩子們現在都是室內小孩了。對於戶外活動的反感並不僅只發生在澳洲。近期的英國研究顯示，孩子花在外面玩耍的時間，相較於上一代只有一半。[1]英國孩童每週花在戶外玩耍的時間為四個小時，而他們的父母花在戶外玩耍的時間則為八點二小時。在美國及其他西方世界國家的研究則顯示類似的結果。

科技當道

對於孩子而言，世上最有吸引力的東西就是數位產品，從「老一代」的科技產物如電視或影片，到新潮的電玩、遊戲、社群媒體、行動電話等。相較於過去，現在的孩子在時間與專注力上，都面臨了大量會讓他們分心的因子。校園內大量運用資訊科技，孩子花在科技螢幕上的時間也正在無限放大。而兒童使用科技會對心理健康產生的影響，則不常有人討論。

螢幕時間的機會成本

「到戶外走走」會與運動還有體育活動產生連結，這些活動對於健康以及人格發展都有正面的影響。大部分的人都知道，花在戶外的時間，尤其是與大自然接觸，對於我們的整體身心健康都很有幫助。花在發出人造藍光的螢幕前面的時間，則剝奪了孩子該有的戶外時光。

簡單來說，戶外時光大部分都是好的，而花在室內活動的時間都是不好的。不過，孩子的童年時光從「在戶外度過」，轉變為「久坐不動、成天縮在室內」已經行之有年，為了減少焦慮與壓力程度，並且在長遠加強心理健康素質，這個情況一定得加以改善。

綠就是一切

世界上有許多很棒的計劃，致力於推廣人們多花時間與大自然相處。或許最極端且有趣的例子，就是一九八〇年代起始於日本的森林浴。森林浴的概念非常簡單，指的是花一點安靜、沉靜的時間在自然環境中，人們可以在森林裡洗一個抽象的「澡」，透過視覺、聽覺、嗅覺、味覺與觸覺去感受大自然。當人們花時間沉浸在森林或綠色環境中，會感到冷靜、減緩壓力，也更加放鬆。曾在森林或灌木林間感受森林浴的人都會自然而然的有這樣的體驗。在森林或灌木林待一陣子能夠讓人恢復元氣，這個概念原本只被當作民間偏方參考，現在有更多扎實的證據來證明對於促進健康有顯著的效果，同時也能長期減緩憂鬱與焦慮的症狀。

最近英國發表的大型研究顯示，在大自然中的時間對於群體的健康有顯著的效用。學者統合了一百四十三項研究，其中包含二點九億名來自廿個國家的參與者，發現了「身在大自然中的時間」與「一百多種正面的健康結果」之間的正相關，包括降低心臟病、第二型糖尿病的發生率，以及降低血壓。花點時間跟大自然相處，對於心理健康也帶來顯著的效益。研究人員也發現，花越多時間在自然環境中，對焦慮和憂鬱等心理問題的幫助越大。最特別的是，身處大自然中，竟會降低人體內皮質醇含量的濃度——這種壓力荷爾蒙會讓人維持在焦慮的狀態中。[2]

其他研究指出，親近大自然再加上運動，對於孩子的焦慮會帶來正面的影響。當年輕人活躍在大自然中，他們能睡得更好、更放鬆，也能感覺更好。人類的大腦本來就是設計來應付野外生活的，所以在這樣的環境下，大腦也會感到更加自在。幾百萬年的演化過程不可能在幾十年內被推翻。在森林中花點時間，會為你帶來熟悉的感覺。與大自然相處彷彿就像與失散多年的朋友見面，我們馬上能夠在他們的陪伴下有賓至如歸的感覺。

在孩子的生活中加入更多的自然時光

「把螢幕關掉然後去運動！」這種吼法或許管用個一兩次吧。說實話，科技裝置不會消失，我們也不會想要讓時光倒流，把所有電子裝置從孩子手中通通移除。妥善利用電子產品，可以為我們帶來整體上正面的效益，不過在兒童使用電子產品上仍需多加控制，或至少需要在家長與教師的監督下使用。我們也不可能每當孩子感到沮喪，就立刻要他們到森林或樹叢裡去做心靈療癒。所以我們需要做的，是確保孩子們能夠對於使用電子產品的時間負責，並且讓他們獲得維持心理健康最佳狀態所需的自然時光。

幫助孩子管理使用科技裝置的時間

對於管理孩子使用電子產品的時間，通常有三種方式。第一種是舉雙手投降，把管理孩子的科技裝置這件事，歸類在「臣妾辦不到」的事項中，然後讓小朋友愛幹嘛就幹嘛。選擇這個方式，你就要承擔風險，教養出一個以自我為中心的小孩，因他們把所有的時間都花在電子裝置上了，同時也讓他們暴露於被陌生人利用的風險之中，讓他們輕易成為網路霸凌的對象，並且放任他們自己去承擔在網路上張貼自拍照與相片的後果。說了這麼多，還不包含經常使用手機對於孩子的情緒與心理健康可能會造成的負面影響。

另外一個解決辦法，就是在家裡實行全面或部分的電子裝置禁令。這麼做的結果不但會讓你和孩子直接開戰，也會讓你很難或根本無法好好教導孩子如何安全又聰明的去使用科技裝置。

第三種，也是我們最推薦的方法，就是主動出擊，幫助孩子採用最好又最安全的方法來使用科技裝置。這表示你需要與孩子一起好好坐下來，制定出一些基本的規範。或許可以先從兒童行為專家瑪蒂娜·奧格爾索普（Martine Oglethorpe）所謂的「最簡單方法」開始。她說，等孩子大一點之後規則就會改變，不過家長還是得制定一套全家人都通用的規範。「這個規則可以包含晚上不能帶手機進房間，也有可能是一天當中有某個時段是禁用手機的，但有一個規則是絕對要設立的，那就是晚餐時間絕對不准帶手機上桌。」[3]

全家適用的規則建立好後，奧格爾索普建議家長接著考慮設備使用時間會對孩子其他生活方面產生什麼影響。她說，身為家長，也需要考慮孩子們使用電子產品的適應問題。如果使用電子產品讓孩子感到壓力、疲倦或焦慮，那麼家長就必須檢討使用電子產品的時間長短。同樣的，如果孩子因使用電子產品而無法挪出時間給其他活動，例如寫作業、培養興趣，或跟全家人好好一起吃頓飯，這樣的孩子可能就需要協助，或有專人在旁引導該如何控制自己使用手機的程度。我們認同奧格爾索普採取的方法，因為這個方法鼓勵家長參與孩子使用電子設備，透過以身作則、監督、友善討論以及設立規範來幫助確保孩子的心理健康不受傷害，同時意識生活中仍有其他領域的事務需要去在乎，包括花點時間到戶外走走。

讓孩子接觸自然

如果想要讓孩子從大自然時光中體會到益處，先別著急著搬去住在荒郊野外。城市旅人們無須感到挫折。前述的統合研究發現，在城市中的綠地，例如公園與綠化街區所花的時間，所帶來的影響和真正身處群樹環繞的野外是一樣的。所以不用等到假日或者休假才帶著孩子來點自然時光。住在城市的居民，可以放眼離家更近的場所，無論是海灘、公園、後院和城市漫步以及單車小徑，都能夠提供健全心理健康所需的綠地。

從室內到戶外

現在的小孩在室內做的事，很多都可以在室外做。與朋友碰面，可以安排在公園、遊樂場或足球場，不必在家裡。生日派對與其他聚會則可以在海灘、公園或森林中。家長可以為年紀更小的孩子安排家家酒聚會，地點可以選在公園、小溪邊或湖邊。讓到戶外踏青成為孩子與家庭活動的新型態日常，而非默默的持續進行那些室內活動。

學學北歐人

北歐人喜歡種植室內植物，這個嗜好很合理。他們的冬季冗長、黑暗又寒冷，待在室內的時間無限延伸，可是綠色植物會為情緒與幸福感帶來正面影響，所以他們常把家中堆滿植物。學者們至今仍不確定綠色植物究竟是如何影響我們的大腦，其中一種理論是，人類對於有益於自身的事物都會給出正面的回饋。而我們看見樹木與森林就會聯想起保護、養分與生存。

我們可以仿效北歐人民，在家中、孩子的遊戲間與臥室放置綠色植物。讓孩子參與選擇自己喜歡的植物，動手照顧它們，孩子也可安排這些植物應該擺在家中何處。

到森林裡去玩吧

要不要來個不一樣的家族假期？與其帶家人們到主題樂園，不如往人煙罕至的郊外享受冒險與樂趣。對於無法每天享受綠地及大自然的孩子而言，花時間在樹林中，就是一種綠色處方簽。

花在大自然裡的時間絕非浪費，而且總是會讓你感覺好一些。可惜當代忙碌的生活、持續的都市化及現代社會的繭居潮流，使得孩子很少能享受綠色時光。十九世紀初期，美國政府鼓勵住在東岸的美國人「向西前進」，身處焦慮的時代，讓我們將「向樹前進」當作現代社會的箴言。更多的自然時光對於焦慮症來說是完美的自然療法，對於日益增加的科技使用時間所造成的疾病也是自然的解方。

第18章 你最在意的事是什麼

對於許多孩子來說，避開容易引發焦慮的事件，已逐漸變成了一種習慣，可以讓他們感到安心。短期看來，壓力、擔心及焦慮的感覺確實被移除了。不過許多選擇逃避的孩子都得面對自我懷疑與罪惡感，在極端的例子中，甚至也會出現自我厭惡的情況，因為選擇一個比較輕鬆的解決方法，會讓他們無法逃離對自己失望的感覺。

逃避有很多種形式，包括拖延、自我貶低（「我不夠好」）、反抗的行為以及對事物失去興趣。逃避會形成一個惡性循環，在這個循環裡很多孩子都會盡量避開比較困難的事件或社交場合，而遭遇到相似的場合時，他們會變得更加焦慮。適度讓孩子們暴露在引發焦慮的事件下，對孩子而言是幫助他們克服焦慮的關鍵，而非讓焦慮感主宰他們的生活。

伊凡的故事

同學邀請九歲的伊凡參加睡衣派對。他覺得受寵若驚，因為伊凡最喜歡與朋友相處並做一些好玩的事。不過，這種情緒並沒有維持多久，就馬上被恐懼的情緒取代。伊凡被診斷出患有強迫性精神官能症，這代表他會嚴格的遵守他的每日習慣。他已經在學校裡發展出許多習慣，例如每天到校的時候把筆排在桌上、在用餐前把他的午餐小心地放在他的午餐盒蓋子上、在到校與離校都走同一個校門。伊凡的朋友們都知道他有一些奇怪的習慣，但他們並不知道伊凡強迫行為的嚴重程度。不過，他在家裡則會讓強迫症完全的顯現出來，例如在吃飯、準備上學還有睡前，他的儀式感都會透過許多習慣性的任務來體現。他知道在朋友的睡衣派對上，一定沒辦法實踐自己的睡前習慣行為。

伊凡為睡衣派對這件事擔心了好幾天。他在晚上八點十分就會開始準備睡覺，接著他會去刷牙，他看見自己轉開牙膏的蓋子，將它開口朝上的放在廁所水槽上。他開始刷牙，從嘴巴的左後方開始，刷下排牙齒，接著刷上面，依然是從嘴巴左方開始刷。他也會對上排的牙齒重複同樣的步驟。永遠是同樣的步驟。接著他會走到臥室，把睡衣拿出來放在床上。他會持續他的睡前儀式直到八點三十分熄燈為止。他的儀式讓他感到安心。他知道這些儀式會幫助他入睡，他也會擔心如果改變這些習慣，不知道會發生什麼事。

於是他決定不要去參加派對。他告訴媽媽他的決定，期待媽媽會允許，就像她答應讓他蹺掉學校的體育課，因為只要想到體育課就會讓他想吐。媽媽的反應讓他很意外。媽媽跟他說：「我知道你對於這個派對很緊張，我想我知道為什麼；但你也知道自己很喜歡跟朋友度過快樂的時光。我覺得你應該要去。我們可以一起找出個辦法，讓你能去和朋友一起享受快樂時光，又不會感覺焦慮。」伊凡的媽媽把雙手交叉抱胸，這代表這件事情不再有討論的餘地。

伊凡把睡衣派對這件事左思右想，如此又助長了他的焦慮感。最後導致「逃避」成為他最重要的目標。他以為只要逃得遠遠的，一切都會沒事。不過媽媽再度介入，提醒他友誼還有度過快樂的時光多麼重要，他不應該讓焦慮感阻止自己參加這場派對。伊凡的媽媽堅持他遵從自己心中的喜好，而不是聽從他的焦慮。伊凡媽媽的行動值得我們效法，因為她選擇了乍看之下較難的方法，但長遠看來才會幫助到她的孩子。

伊凡媽媽跟伊凡一起策畫出一個比較彈性的睡前儀式，雖然少掉了一些小小的細節，但也足夠讓伊凡感到安心了。她讓伊凡在睡衣派對前幾晚就開始練習新的睡前儀式。她同時也先跟對方媽媽溝通，讓伊凡可以獲得一點隱私。

睡衣派對來臨的那天，伊凡很緊張，但事先排演過的計劃讓他很心安，很放鬆，可以好好享受快樂時光。他的睡前計劃滴水不漏地完成，而伊凡事後回想起來，真不知道自己之前到底在緊張個什麼勁。

幫助孩子遵循自己心中的所好

我們常把「價值」這件事跟所謂的道德標準相提並論，所以我們才會想要灌輸孩子誠實、紀律、尊重等人格特質。不過，如果你是個容易焦慮的人，那麼我們相信價值是一種個人準則，且會深深影響我們做出有益處的行為。《幸福的陷阱》作者羅斯・哈里斯博士（Russ Harris）對於價值是這麼說的：

> 價值是我們渴望能夠持續前進的方向，是一段持續發生的過程，而這段過程永遠不會結束。舉例來說：渴望成為一個慈祥又有愛的家長，就是一種價值。這個渴望在你一輩子都會不斷持續。若你停止了慈祥與愛，你就不再依循那個價值而活。[1]

價值對我們來說非常重要，我們遵循價值而產生的行為，將會影響我們的生活。每件重要的事都需要付出很大的努力：養育孩子、建立事業、學吉他、在運動賽事有好成績等，這些活動都很有挑戰性，我們也很容易在還沒成功之前就先放棄。不過，這就是價值登場的時候了。當我們知道什麼對我們來說才最重要的時候，我們就願意付出代價——也就是所謂的努力，無論是生理上或心理上的努力——來克服任何我們遇見的挑戰。就像哈里斯博士說的：「價值提供了強效的解藥，它給了你人生的目標、意義跟熱情。」[2]

在伊凡的例子中，朋友和快樂時光對他來說是核心價值，他喜歡邀請朋友到家裡來，在學校也總是被不同年齡層的朋友圍繞。伊凡與弟妹相處時也總是開懷大笑，嬉戲玩鬧。他的興趣與行為模式都在體現他的價值。

幫助孩子控制焦慮感，有一個很重要的工具，就是引導焦慮的孩子去作出符合他心中價值的行為，以避免被焦慮所控制。前幾章中，我們列出了許多策略，例如練習與漸進式的暴露法，家長與老師可以幫助孩子採取這些必要的行動來達到他們的目標。只不過，更重要的是要幫助孩子理解對他們來說什麼才是重要的。下列的做法會幫助你以及孩子更加了解自身的價值是什麼、為什麼這些價值很重要，還有，更加有效將這些價值付諸行動。

找出重要的事物

許多釐清價值的活動可以讓家長帶著國小年紀的孩子一起完成。[3] 以下是一個價值釐清的活動，適用於年紀較大的國小學童與中學孩子：「你會怎麼做？」

鼓勵孩子或青少年寫下以下問題的答案：

1. 如果你有一筆數十億的金錢讓你任意花用，你會買什麼，還有做什麼？
2. 好，所以現在你擁有你想要的一切，接下來你會做什麼？你會做什麼有創意的事？幫忙其他人？創立新的事業？對於自己相信的事物採取行動？做一張表格或寫下至少十件你在擁有想要的一切後會做的事。

這個方法會讓你和孩子深入了解，究竟對他們來說什麼才是真正重要的事。

另外一個了解孩子心中價值的方法，就是協助他們去挖掘自己的興趣與熱情。觀察他們在發揮興趣時的行為，以及他們所展現的特質。如果一個孩子喜歡在戶外蓋小屋，或是扮家家酒，那麼或許創造力對他來說很重要。一個致力於社會服務、會用閒暇時間教年幼的孩子籃球的青少年，對家務也很熱心，可能就會將服務他人和熱心當作是核心價值。一個持續完成每項任務，花大量時間在細節上的孩子，可能會將完美與高品質的表現視為核心價值。

以下是另一個例子，可以幫助你了解孩子心中的價值。用一個活動來完成下列句子：

我的孩子最開心的時候是＿＿＿＿＿＿＿＿＿＿＿＿＿＿。

例如：我的孩子最開心的時候是他們在戶外騎腳踏車玩的時候。

我的孩子最開心的時候是他們在幫助弱者或為某種理想挺身而戰的時候。

我的孩子最開心的時候是他們在放任何種類的音樂的時候。

在上述例子中，我們除了看表面，可能必須要看得更深入一點。「喜歡在戶外騎腳踏車玩」這個動作所展現出來的價值，很有可能就是對戶外或探險的喜愛。一個經常幫助弱者或為某種理想挺身而戰的孩子，很有可能在乎的是同理心或社會正義。在放音樂時感到開心的孩子，可能會把價值擺在創造力、表演或放鬆。深入了解孩子喜歡做的事，可以幫助你了解哪些價值可以為孩子的生命帶來真正的意義。

將孩子與他們的價值做連結

家長不妨培養孩子，讓他們與自己的價值做連結。方法就是在日常對話中描繪出他們心中價值的圖像，家長可以給出一些回饋，像是：「我最近發現，你會在某方面去挑戰自己。你總是準備好面對挑戰的精神真的太厲害了。」或者「感覺你好像很喜歡美的事物，無論是夕陽、圖畫，甚至是一雙鞋。」還有「我很喜歡你問這麼多問題。你也很容易沉醉在書本中。這是不是跟你充滿好奇心有關？」

將孩子與他們的價值，或任何為他們帶來樂趣的事做出連結，因為孩子對於這樣的自我認識往往充滿渴望，也因此能夠帶來巨大的影響。當他們終於認知到驅動自己的動力為何，那麼他們就更有可能在社交上或其他領域上忽略焦慮的感受，而勇敢挑戰自己。

柯林的故事

柯林本來可以成為一個運動冠軍。在他小的時候，只要是接觸過的運動樣樣都能得心應手——足球、板球、網球。他與生俱來的天賦讓他無須努力便能輕易表現得很好。在青少年期的時候，他便享有專業足球隊與板球隊爭相邀請他入隊的殊榮。他最後選擇了足球，加入了國家級的選拔隊。他在選秀當中總是獲得極高的評價，不過四年後他還是永遠離開了球隊。因為等他達到專業等級時，他的對手們雖然天賦不如他，但這些人從小就願意付出努力換取成功，做好了晉升為職業球員的努力。反觀柯林從來不在運動這塊努力，也從未準備好要為成功做出犧牲。他成為了自己珍貴天賦的受害者。

一體兩面

克里斯．麥可柯里博士（Dr. Chris McCurry）是美國西雅圖的兒童與青少年焦慮議題專家。在他的療程中，有一個很棒的活動能夠幫助孩子面對挑戰或達成他們的目標，這個活動叫「一體兩面」：孩子先看一個圓圈形狀的大道具，正面寫了「好東西」，反面則寫「困難的東西」。

他用這樣的方式來提醒孩子，如果想要得到好東西，例如在學校有好的表現、與友善的同學交朋友、或是在運動上有更好的表現，就必須要完成那些必要的困難任務，例如放棄一些東西，或者讓自己處在不舒服或焦慮的狀態之下。這是一個很好的提醒，告訴孩子們任何讓人渴望的事情沒有捷徑可達。成功與挑戰是經常是一體兩面的。

對我們來說，了解對自己重要的事往往是重要的人生課題。追尋意義以及目的，也正是對於快樂與成就感的想望。這樣的過程可以從童年就開始。透過幫助孩子了解自己內心真正的價值（而非虛偽的外部價值），像是尊敬或誠實等，如此一來，我們就給了孩子一項面對人生的重要工具。最重要的是，在引導他們的價值時，我們相信孩子大多數時候都願意採取那些必要的行動來實踐夢想，而透過支持他們，我們將能夠幫助他們達到人生中重要領域的成功，哪怕要面對不適與焦慮。追尋個人價值，持續堅持個人價值，對於一個情感成熟、快樂的人來說，是生活裡不可或缺的一部分。

第19章 義工活動

志願服務運動在全球方興未艾，原因很容易理解。大多數投入志願服務的人回報指出，他們感覺到自己屬於一個更崇高的目標，也感受到樂趣，還增加了歸屬感和人與人之間的聯繫。另外，投入志願服務的人在身心健康都享有實際好處，特別是降低了焦慮和憂鬱。

我們常誤以為退休人士才會從事志願服務，但實際情況卻大不相同。根據澳大利亞統計局的數據，十五至十七歲年齡組的志願服務率最高，該年齡組有百分之四十二的人參與志願工作。其次是卅五至四十四歲年齡組，佔百分之三十。[1]相對而言，關於十五歲以下兒童參與志願服務的統計數字較少，但這些數字可能比許多人想像的要高，因為學校長期以來一直提倡社會服務，童子軍、女童子軍、體育俱樂部等也一直從事社會服務的工作。

ICE效應：志工活動能幫助焦慮症的兒童

關於志願服務會對孩子的心理健康帶來哪些正面的益處，學術上的研究正在進行，但我們相信志願服務確實會有幫助。當年輕人做志工時，調節社會關係的神經遞質催產素會增加，幫助他們在社交場合管理內心的壓力。這樣一來，志工服務這個任務，就對有社交恐懼症的孩子有好處。更廣泛來說，志願服務對易於焦慮的孩子來說，可帶來三方面的益處，我們用三個頭 ICE 文字來說明：影響 Impace、連結 Connection、同理 Empathy。

影響（Impact）

志願服務可能會提高兒童的自我效能。當孩子為生病的鄰居跑腿、教導低年齡組打網球，或者為食物銀行籌款而舉辦車庫義賣時，他們可親身體驗到自己的努力如何影響他人。焦慮的孩子通常會擔心自己沒有能力處理新的情況或事件，他們擔心面對新的、計劃外的情況時自己會失敗或出醜。志願服務可以在壓力相對較低的情況下培養他們的能力，更重要的是，體驗到自己的努力對他人產生可見的影響，無論這種影響有多小。

連結（Connection）

大多數志願服務都涉及其他人。無論是在網球館當球童，還是輔導需要幫助的孩子做功課，或是組織跑步比賽為有意義的事業籌款，為他人服務都能讓孩子們與自己平時不太會見到的人建立聯繫。如果青少年與家庭、學校和社區之間擁有足夠的社會聯繫，可為他們的心理健康形成強大的保護因素，這已是學界證實的事。一般來說，家庭和學校都會盡力確保年輕人有歸屬感，然而，與社區的聯繫和參與比較難取得。志願服務擁有明確的目標和持續的期程，是培養年輕人參與人群的好方法，也是認識朋友和建立新關係的好辦法。下一章會詳細解說，這對孩子的長期心理健康至關重要。

同理心（Empathy）

同理心對孩子的生活方式有著深遠的影響。如果沒有同理心，孩子就很難體驗到尊重他人的關係。若孩子無法認同別人的感受，就更有可能會去拒絕、欺負、恐嚇他人。缺乏同理心的孩子也很可能非常自戀，當事情不如預期時較難調適。一個為他人著想的孩子，尤其是為弱勢者著想的孩子，更有可能正確看待自己的困難（而非覺得困難太大了無法克服）。同理心是通過接觸別人的困難而體驗到的，而不是教出來的。孩子們需要與一種情況或一個人聯繫起來，才能形成真正的同理心。志願服務有助於孩子們發展同理心，因為它可幫助孩子體驗和理解其他人的生活方式。

把志工活動融入在家庭活動中

要如何鼓勵孩子們參加志願服務，更重要的是要堅持，讓志願服務成為他們生活的一部分。澳洲統計局的數據顯示，二〇一四年，有七成的志願者回報說，他們的父母中至少有一人曾參與志願工作，其中近半數人從事志願服務十年或以上。一旦父母有了志願服務的榜樣，他們的子女很可能也會跟隨。上述驚人的數字不僅說明了榜樣的力量，也揭示了父母榜樣對家庭文化的影響程度。若能把孩子的興趣與志願工作結合，更能收相輔相成之效。例如，如果孩子喜愛小動物，也許可以在家附近的動物收容中心從事服務。如果他們喜愛運動，那就可在當地的體育俱樂部尋找協助的機會。

與孩子一起做志工

志願服務最有效的方式是親子一起投入，從一起打掃鄰居的院子，到在業餘劇院的後台工作，或者全家參加國際志願援助計劃。還有許多社區的工具，例如鄉里之間的清潔日，可以全家一起投入公共服務。

孩子協助家務而不支薪

孩子的幼年生活，將定調一輩子的方向。個體心理學理論之父、奧地利心理學家阿德勒

（Alfred Adler）認為，兒童早期的家庭經歷決定了他們日後生活在不同群體中的歸屬感，如果他們對家庭的貢獻得到鼓勵和重視，那麼他們就很有可能形成「我因為付出貢獻，而屬於家庭／班級／工作單位，因此我是一個有價值的群體成員」的健康生活方式觀。若兒童因為沒有機會、大人對他們沒有期望、大人過度保護等種種因素，導致兒童無法幫助他人並為個人和家庭福祉做出貢獻，那麼兒童必然會發展出另一種歸屬方式，包括：「如果別人來服務我，我才有歸屬感」、「當我按自己的方式行事時，我才有歸屬感」或「當我是群體中最聰明／最漂亮／最有權力的人時，我才有歸屬感」。或許在你的同事、朋友和夥伴當中，就有這種人。

如果你想讓你的孩子因為服務他人而培養歸屬感，那麼我們建議，讓孩子固定在家幫忙，不要支付報酬。這樣，他們更願意帶著健康的歸屬感成長，他們會認為「我可以幫忙」，而不是「我有什麼好處」。筆者建議，孩子們還是可以有零用錢，但不要把零用錢和家事連結在一起。要對家庭產生歸屬感，基礎是來自於我們針對家庭長遠的福祉做出積極的貢獻，這個道理在任何團體都是一樣的。這樣一來，服務和付出就成了生活的一部分，這樣的習慣一旦養成就無法輕易撼動。

第20章 建立關係

「問題說出來，難度減一半」這句格言可以反映出一個事實：與支持你的朋友或家人分享問題和憂慮，可以讓你感覺更良好，因為這樣可以讓我們擁有安全感，且從不同角度來檢視自己。

在另一方面，積極的家庭關係以及與同年紀友人的同儕聯繫，則可維繫人們長期良好的心理健康。一九八〇年代，關於心理彈性研究的先驅邦妮．伯納德（Bonnie Bernard）首次發現，與家人和朋友的積極社會互動，是對年輕人相當有力的保護因素，接著大量的研究證實了家庭和朋友對兒童健康可帶來正面影響，而家庭功能失調以及缺乏同儕友人，則可能成為兒童焦慮且憂鬱的原因。

什麼才是正面積極的關係

當孩子擁有與家人和朋友的密切互動，就能用最佳狀態發揮自身的潛能。以下針對家庭以及友誼關係，各舉出三項關鍵的特質，這些特質能夠建立正面有益的關係，幫助兒童解決困難，面對挑戰。

正面的家庭關係

積極的家庭關係能夠促進良好的心理健康，使孩子有能力面對變化、社交挫折或創傷事件等，這種家庭關係充滿愛、支持且能促進孩子的歸屬感。

1愛：伯納德的心理彈性研究發現：有一位溫暖親切的父親或母親，與孩子成年後的社會成就和幸福感有顯著的關聯。[1]實際上，家庭親情對兒童的功能和福祉具有長期的積極影響。

2支持：家長不會任意批判，隨時為孩子提供值得信賴的依靠，願意在孩子有問題的時候傾聽孩子的訴說，才能建構起讓彼此感受到支持的關係。

3歸屬感：當孩子們受到重視時，他們遇到的任何問題或表達的需求，都不會減損他們在家庭中的地位感。積極的家庭關係可以定義為：孩子們感到安全、有保障的地方；可以自由地練習成功的社會生活所需的必要技能；並且知道無論他們的行為多麼糟糕或生活多麼困難，他們都不會被拒絕。

正面的同儕關係

友誼與同伴關係對兒童發展具有重要的功能。在幼兒期，朋友是進入家庭以外更廣闊的社會世界的第一個切入點。童年時期，友誼有助於孩子形成自己的身份，但家庭通常仍是他們最有力的參照點。在青少年時期，友誼成為人生走向成年的墊腳石。友情有時會替代家庭，滿足許多年輕人對歸屬、接納和親情或親密關係的需要。每個父母都知道，孩子的友誼可能是一把雙面刃——既是痛苦的原因，也是幸福的原因。

從發展的角度來看，成長階段可能容易出現交友問題。例如，青春期早期的女性友誼關係常會出現緊張，導致友誼逐漸淡去。這個年齡段女孩的心理健康狀況，可從友誼反映出來。若與朋友的關係順利，女孩們就感覺很好。當遭到拒絕、排斥或發生衝突時，她們就會變得情緒低落、不開心，在家裡也會出現脾氣暴躁的情緒。

研究證實，在青少年的正面友誼中，有一些反覆出現的特質。這些特質包括鼓勵、接納與不藏私。在筆者與兒童和青少年合作多年的經驗發現，若上述特質能同時出現，得到的效果最好。

1 鼓勵：良好的友誼能使人精力充沛，不會使人心累。與好朋友相處的時間會讓人感覺很好，出現一種積極的氣氛感覺，而不是消極的感覺（有害的友誼關係中才會出現消極的感覺）。

2接納：一位真正的好朋友會願意接受彼此的差異，並對朋友的生活真正感興趣。當一個孩子接受了朋友，並且知道當他們向朋友透露自己內心深處的想法時，不會被洩露出去，也不會在以後的爭執中被當作籌碼，那麼他就更容易接受朋友的信任。

3不藏私：具有正面影響的友誼，都會大方的為朋友付出自己的時間和精神。很多孩子遇到交友障礙，是因為自己不願向其他孩子敞開心扉。不藏私的精神有很多形式，例如孩子願意為朋友的成就（運動獎牌、學業亮眼、在音樂會大出風頭）而高興，這就是一種慷慨風度。不藏私也是在朋友不開心的時候，能夠做出犧牲，幫助朋友解決問題。當青少年脆弱的把自己的一些煩惱和困難向朋友傾訴的時候，就會表現出慷慨的一面。

建立良好的關係

建立健康的關係沒有所謂的魔術配方。教養的基本任務，就是要與孩子互動，讓孩子與不同背景的人在不同情境下一起享受健康的關係，包括直系親屬、在學校、職場及生命中的伴侶。從心理健康的角度來說，家長可以使用一些策略來培養孩子與家人保持緊密的連結，同時與自己的同儕保持健康的關係。以下就是幾項有用的策略。

在家庭中創造緊密的食物文化

大家有注意過嗎？義大利、法國與中國這樣有著強烈飲食文化的國家，通常也頗以家庭向心力為傲。這些國家重視食物，同時也將家庭價值視為重要的一環。這樣的文化特色並非巧合。全家人經常一起坐下來同桌進餐，應該是塑造緊密家庭關係的最有力儀式了。準備食物通常是全家人的工作，無論是購買食材、烹飪、擺餐桌、端菜或飯後的清潔工作。這些參與感都創造了一種共享的擁有權，讓吃飯時間從單純的果腹行為轉化為珍貴的相處時光。

在大部分的飲食文化中，餐桌是建立家庭的支點，一家人都很期待所有成員同桌用餐，而不是讓孩子在房間或電視前面吃飯。用餐時間的重要性不容忽視，大量的證據顯示，有著良好心理健康的年輕人，大部分都維持著每週五到六次與家人一同用餐的頻率。家長與孩子可以利用吃飯時彼此談心，達到療癒效果（當孩子遭遇到挫折時）。家長也可利用共餐時光觀察孩子，檢視有無焦慮或憂鬱的徵兆，因為這些徵兆通常很容易被忽略。

如果你的家庭不太重視「在一起吃飯」，那麼可以試著先將一周內的某一餐當作家庭團體活動，讓家裡每位成員在這一餐當中都能有貢獻，用餐時不要使用科技產品，同時盡量讓這餐在大家心中留下美好的感受。

展現脆弱

我們常聽到這樣的抱怨：「孩子有話都不跟我說。」有些孩子就像攤開的書本，總是願意分享他們遭遇的問題。有些孩子則像蛤蠣，在需要對話的時候總是拒絕溝通。

孩子們在向父母求助前，通常需要時間與空間來消化自己的問題。許多孩子在與大人討論問題前，也會自己先把事情的來龍去脈都先想一遍。

不管家長再怎麼努力，有時孩子就是不願意開口。但如果值得信任、也願意投以關愛的大人可以為孩子指引方向，那麼一定會產生很大的幫助。換句話說，家長與老師不妨適度表現自己脆弱的一面，與孩子談論一些自己所面對的困境。在合理範圍內談論自身的焦慮，不但可以為孩子示範如何談論自身的問題、如何與他人分享自己的情緒，更重要的是此舉等於告訴孩子：你也可以這樣做。尤其是父親這個角色，在引導兒子敞開心胸談論情感時有很大的優勢，不過，還是得先示範，孩子才有辦法模仿。

開誠布公的談論交友狀況

家長常擔心孩子會誤交損友。「同儕壓力」這個詞隱含了他人對於孩子所造成的影響，讓他們做出危險、非法或愚蠢的行為。對於許多家長來說，要干涉孩子的交友選擇到什麼程度，是一件傷腦筋的事情。

若想影響孩子做出好的交友選擇，一個有效的方法是創造關於健康友誼的家庭對話，例如「這看起來像是朋友會做的事嗎？」、「好朋友對你而言應該是什麼樣子」、「你會希望朋友這樣對你嗎？」等，可以幫助孩子分辨出什麼是健康的友誼，什麼是結黨營私的小圈圈。家長與孩子談論友誼的時候，可以借用孩子的價值觀作為論點，這樣就很有效。例如，「對你來說，在學校裡有好的表現很重要。那麼，你朋友的行為在班上是在幫助你，或是扯你後腿？如果是後者，那麼你可能需要想一想如何跟上課業的進度，以及如何和他們相處。」與孩子討論複雜的友誼關係，還可以幫助他們對於友誼形成自己的觀點和想法。這些對話也可以幫助孩子進行必要的自我反思，探索自己在友誼問題上的角色，並培養自己成為好朋友的能力。

鼓勵孩子享受廣大的交友圈

心理健康專家都同意，建立社交關係，可以有效幫助孩子長期改善情緒問題。不幸的是，焦慮症往往會妨礙孩子與他人建立新的社交連結。如果孩子有焦慮的傾向，不妨採用「緩慢漸進、每次一點點」的方式來體驗社交關係，直到孩子適應了新的交友圈。您也可以鼓勵孩子，在校內跟校外都建立不同的交友圈，這樣如果某個交友圈出現困境，那麼還有其他的交友圈可以提供保護與協助。這個作法也可以讓孩子遇見更多不同的朋友，與不同背景的孩子建立關係。能夠與廣大範圍的人群建立關係的能力，也就是所謂的社交流動性，是一種在兒童時期就可以培養的進階人際關係能力。

孩子與朋友及家人建立的關係，對於他們的心理健康有很大的影響力，特別是對於情緒的管理，例如壓力、憂鬱或焦慮。雖說人際關係經常成為孩子焦慮及壓力的原因，整體來說，對於健康關係及幸福的正面影響還是大過於負面。身為家長，你處於一個有優勢的位置，可以幫助孩子發展社交技巧，使他們日後在人生的不同領域都享有健康關係。即便有時需要大人的一點協助、哄騙與循循善誘，但是對於長期心理健康以及降低焦慮感所帶來的成果，絕對是值得上述的努力。

第六篇

管理嚴重的焦慮問題

家有焦慮兒，家長心中最常出現的疑問就是：「我要如何幫助孩子？」關於這個問題，最簡短的答案，是另一個問題：「你有多少時間？」

焦慮症的症狀會讓孩子感到沮喪，家長也會因為教養問題，使得自己的情緒就像雲霄飛車一樣，有時痛苦難當，有時快樂安穩，還有些時候則在兩者之間擺盪。相信家長們都願意代替孩子受苦，因為看著孩子因焦慮而痛苦，真的太煎熬了，而且正當家長束手無策、不知道如何幫忙的時候，孩子的痛苦竟又翻倍成長。

在本篇中，我們邀請家長改用不同的角度檢視自己的處境。將每一天當成機會，每天都鼓勵家中的焦慮兒嘗試不同的活動，透過這些活動，轉換孩子的焦慮經驗。有些活動是在焦慮症發作的當下進行，有些則適合在平靜的時候嘗試。每一天都有很多零碎的時間可以讓家長拿來拓展孩子對於焦慮症的認知，包括焦慮症的由來以及為何焦慮症會出現；同時家長也可以引導他們練習一些技巧，讓孩子的杏仁核知道自己很安全，從而讓他們的腦袋重新開機，回復正常運作。

本篇提到的技巧，可成為孩子的心理健康工具，這些技巧都能跟著他們一輩子。各位家長們請記得，這些工具並不是要讓孩子「完全去除」心裡的焦慮。若把目標設定為「完全沒有焦慮」，結果可能會讓你大失所望，拖慢孩子心理健康的復原速度。我們要做的是，讓焦慮兒學習將自己的焦慮從舞台中央移向兩旁，甚至是移到後面的更衣室或停車場裡面。

不同的焦慮疾病會有不同的應對策略。**深呼吸與正念訓練是重要的核心技巧**，也是前幾章談到的諸多方法背後的主要控制策略。接下來，我們希望與你分享另一些不同層面的技巧，這些技巧適合用來幫助焦慮情況嚴重或複雜的小朋友。

在本篇中，我們將學習如何找適當的醫生，如何與醫生談論孩子的焦慮症病況，如何了解心理健康照護計劃，還有如何對孩子解釋心理醫生在療程中扮演的角色，同時了解心理醫生可以發揮作用。

第21章 需要更多協助的孩子

有些孩子的焦慮情況嚴重到需要專業協助才能控制，包括全科醫生、心理醫師、諮商師、職能治療師、運動心理師或精神科醫師等。對你的孩子而言，需要視他的個別狀況（例如年齡、病況的診斷），來決定求助於哪些適合的健康專業人士。

我們強烈建議你，第一步是先與常看的全科醫師約診，他們是通往其他健康專業人士的管道，以獲得治療或藥物。藥物可以幫助舒緩某些孩子在焦慮症發作達到頂峰時的不適；療程或諮商則可以提供支持、理解、心理教育，教導孩子強大的思考技巧。

有些孩子一想到要尋求專業幫助，就會覺得很可怕，因為焦慮本來就屬於個人隱私，孩子們可能不想把自己的情況說給別人聽。

你家的孩子可能會是一位願意配合的患者，願意向外尋求協助，但也有可能是強烈排斥看診的人，拒絕配合治療。常有家長問我們該如何說服孩子去看醫生。我們的建議是慢慢來，幫助孩子了解尋求協助、改善心理健康之後，會有哪些優點。鼓勵孩子從長遠的角度來看待尋求醫療協助這件事。你也可以跟孩子一起列出所有就醫的好處與壞處。有時候，面對固執的青少年，家長可以試試看這樣問：「是什麼原因讓你選擇不願接受專業協助呢？」

在本章中你將學到拜訪全科醫師時會發生哪些情況、接受心理照顧計劃可以獲得的補助、醫病關係的重要性、療程對孩子的幫助等。

焦慮家長與焦慮兒的對話

有些父母比較難與孩子討論焦慮，尤其是自己患有焦慮症的父母，因為他們的焦慮來源，可能就是孩子此刻正在經歷的焦慮。有時，焦慮的父母會想起自己小時候的經歷，或者父母正在因為來而焦慮。其實，這些都是正常的現象。

焦慮的父母們都不太願意與家人談論焦慮，甚至避免在孩子前面提到「焦慮」這個詞，彷彿只要一提到這個詞，焦慮就能活過來似的。

如果你有這種感覺，請花點時間照顧一下自己的想法，並感謝你的頭腦如此關心你（這是一種認知脫鉤的策略），這樣的想法能把你和你的思緒之間拉出距離。請做幾個深呼吸，讓你的杏仁核平靜下來，然後把注意力重新定位到真正重要的事情上，也就是打開與孩子的對話。

不斷對話

家長可以邀請孩子坐下來聊天，讓孩子知道你已經注意到他們正在經歷「擔心」的情緒。孩子擔心時，會對自己平時喜歡的活動沒興趣，很難入睡，要不然就是經常驚醒；他們會比平時更容易受到驚嚇或分心，也可能變得異常安靜。無論你注意到什麼，都可以透過不同的方式來展開與焦慮相關的對話。以下是一些你可以使用的對話範例，也可與第三章提到的腳本結合使用：

- 分享自己小時候的一些煩惱，問問孩子有沒有過同樣的感受。
- 分享你觀察到的事情，請孩子和你談談他們的情況。「我注意到昨天傑米問你要不要去他家玩的時候，你沒有像平常一樣馬上答應。我猜，也許你不想去。那時候你的腦海裡閃過什麼樣的想法？」
- 問問孩子，他們最擔心的問題是什麼，可用一些其他孩子的情況來舉例：「我認識跟你年紀差不多的另一個女孩子，她只要一想到在課堂上被老師抽問，就會覺得很擔心。你也是這樣嗎？也擔心被老師在課堂上抽問問題嗎？」

盡量在孩子放鬆且滿足的時候進行對談，這樣親子的對話才不容易被干擾，而且雙方的注意力也比較集中。讓孩子們了解，你已經注意到他們的情況了，也提醒孩子你非常關心他們，而且你知道可以如何幫助他們。若能提醒孩子，他們的情況是可以獲得協助的，這對他們來說會是一種安慰。

焦慮兒的好朋友——家附近的全科醫師

為了孩子的全人健康和福祉，找到一位讓孩子感到舒適、信任並願意敞開心扉的醫生是非常寶貴的。

如果你們家還沒找到理想的全科醫生，可以問問其他家長的經驗，或查看家附近社區的臉書頁面，尋求推薦的人選。

自己去看醫生，還是親子一起去

初次約診時要不要帶伴侶或孩子同行，取決於下列的幾個因素：

- 孩子的年紀
- 你在意的程度
- 孩子出狀況的時間有多久了
- 你的孩子是否主動向你求助

・你的孩子是否願意尋求協助
・面對孩子的狀況，你自己的調適情形

與醫生初次見面時，可解向醫生解釋，你是來尋求建議與策略，想要幫助孩子。此時醫生可能會安慰你說，你觀察到的，其實是孩子發育過程中的正常現象，這種症狀會慢慢消失等。當孩子焦慮時，若能從醫生那裡獲知自己的情況是正常的、可理解的、有人可以協助的、他可以度過這個難關等等，那麼對孩子來說將是一種莫大的安慰。

醫生常會先與家長或照顧者還有青少年一起進行談話，然後再單獨與青少年交談，以建立信任，並保障隱私，以便進行保密談話。如果孩子的人身安全可能遭受危害，醫生都會將這些訊息轉告給家長。

全科醫師可以給予什麼樣的協助

一般的執業醫師從第一次的會診開始，便可以提供令人安心的保障、第一手的判斷、有效的策略與資源來幫助你和你焦慮的孩子。焦慮的症狀可能與生理有關，包括甲狀腺的變化。全科醫師可以進一步檢查其他隱藏的問題。

必要時，全科醫師也會協助擬定一個心理健康照護計劃，並推薦相關醫療制度或保險底下的心理照護計劃。針對年幼的孩子，則會推薦家庭治療計劃，而國小學童與青少年會被轉介給心理諮商師進行聊天式的療程。您的全科醫師會幫助您找到一個適合孩子的心理諮商師。不管心中有什麼疑問，都可以盡量問出來。

第一次的約診通常是標準的諮詢流程，需要十五分鐘左右，目的是幫助全科醫師通盤了解孩子所經歷的一切，並判斷孩子的現況。一旦確定需要進一步的心理健康照顧計劃，就可以安排下次的約診。

心理健康照護計劃——讓專業的來

有些家庭資源有限，沒有額外的費用來支付孩子焦慮相關的就診費用。但許多國家為了幫助經濟狀況拮据的居民取得焦慮症與其它心理疾病的協助，都有配合的計劃，讓相關人士享有心理諮商師、心理醫師與一般執業醫師的協助。

在心理健康照護計劃的協助下，焦慮的孩子可以接受一定的心理專業協助，健保會支付全部或部份費用。有些孩子只要就診幾次，情況就能大幅進步，有些則需要更長的時間。無論如何，專業人士將與家長會商，以便選擇對孩子最有利的方案。

找一個好的諮商師，就跟買牛仔褲一樣

每次去買牛仔褲的時候，你試穿的第一件，可能不會是最後買單帶走的那件。如果你第一次就選中那條命定的牛仔褲——對的顏色、款式、長度與合身程度，那麼你就會對這條褲子大大的加分。但更常見的情況是，你必須多試試一、兩件，才會找到中意的褲子，符合你的需求，而且還能讓你看起來有夠讚。

這跟選擇諮商師的過程很相似。當我們談到心理諮商師的時候，療程有沒有效，最大的因素便是醫病關係。好的「配對」就是成功的一切要件。

梅爾的故事

梅爾在十六歲時確診焦慮症，經過家庭醫師的轉診，即將與心理醫師首次會面。這個診斷讓梅爾鬆了好大一口氣。她覺得自己終於有人懂，終於能得到正面的回饋。

首次會見心理醫師的時候，梅爾的媽媽也跟著去，在場分享了一些有關梅爾的背景資訊，告訴醫生梅爾被焦慮症影響的情形，以及梅爾調適的情況。諮商結束後，媽媽覺得充滿了希望，不料梅爾卻覺得更糟了，她說心理醫生根本不懂她，而且她也不知道自己在說什麼。她不想回去了。

雖然她在確診之後曾經一度非常正面，但現在她越來越沮喪，她深信自己無可救藥了，心理醫生幫不了她，媽媽也不行。毫不意外的，這只會更增加她的焦慮與無助感。

擔心與焦慮可能會讓人覺得尷尬。對孩子來說，他們很難與他人談論自己的罪惡感、羞恥感或悲傷，而這些往往會伴隨著焦慮症而來。如果孩子無法與心理諮商師發展出良好的信任關係，那麼很有可能就會影響到療程的效能。

如果梅爾或媽媽可以回頭請全科醫師幫她們介紹另一個心理諮商師，或甚至自己選擇一個諮商師，情況或許會不同了。

別忘了牛仔褲的故事：對於別人來說都不適合的那件，或許恰巧適合那個孩子。

為孩子找到最適合的心理諮商師

韌力研究中心（Resilience Research Center）創辦人、家族治療師以及作家麥可・恩格博士（Dr Michael Unger），提供了一些關於選擇心理諮商師的優良建議：

・孩子與諮商師之間的連結非常重要。如果因為任何原因，導致孩子無法繼續與諮商師產生連結，那麼就是時候該找一個新的諮商師了。

・一個好的諮商師會將孩子視為一個全人，而非僅針對病徵來處理。他們能點出問題，並將問題從孩子身上分離出來。於此同時，也可以欣賞並激發出孩子的強項。
・好的諮商師會知道，他們能夠支持孩子最好的方式，就是讓孩子的家長、照顧者或監護人有參與感，與這些人密切合作。他們會知道，這些已經在孩子的人生中佔有一席之地的特別角色，對於孩子復原的過程是不可或缺的。
・好的諮商師不會宣稱「我是你唯一的幫助和資源」。他們知道長遠看來，對於孩子的復原貢獻最大的，是社會支持與家庭。
・好的心理諮商師知道心理健康問題非常複雜，也了解不應該將孩子的問題怪罪在孩子或任何人身上，因為這樣沒有幫助，還可能造成傷害。
・懂得傾聽並欣賞孩子與照護者的文化背景，是一位優秀的諮商師不可或缺的特質。[1]

向孩子解釋心理諮商師能夠如何幫助他們

現在，您正在為孩子建立一個頂尖的特工小隊，成員幫含你、孩子、全科醫師。接下來，還需要召募一個重要成員：心理諮商師。雖然心理諮商師與孩子相處的時間不能算多（至少跟家長比起來），但他們對於孩子控制焦慮症狀的貢獻，可說是十分重要。

青少年或許能大概知道心理諮商師扮演什麼角色，但他們需要更進一步了解心理諮商師的功能。心理諮商師會幫助正在經歷挑戰的人（包含壓力、悲傷或經濟等問題），也能幫助感到焦慮、憂鬱或正經歷其它心理疾病的人們。

如果孩子能理解，心理諮商師可以協助他們了解自身的焦慮症狀，還有他們因為焦慮症所發展出的行為模式，這樣就對孩子很有幫助。心理諮商師也會幫助孩子發展思考的技巧，幫助孩子改變生活方式，這些都會對焦慮症狀有明顯的改善，並且協助孩子在日後克服焦慮，去做出對他們來說重要的事。

如果孩子還在讀國小，那可以透過譬喻的方式讓他們了解心理諮商師所扮演的角色。生病或受傷了要去看醫生，牙齒相關的問題要去看牙醫，車子出了問題則要去找修車師傅；同理，心理醫師就是一位幫助大家發展思考技巧的專業人士。

許多孩子都不喜歡去看心理醫師，不過家長可以幫助孩子們理解，從長遠的利益來看，即時獲得正確的協助，將可以幫助他們往好的方向前進。

診斷結果有何幫助

可能要花一段時間，才能了解孩子焦慮症的確切原因。心理諮商師可能需要與家長會面，獲得初步的訊息，接著運用早期的療程來詢問孩子相關問題，才能更進一步的了解焦慮症的表現、有效與無效的控制手段，以及這些症狀是如何影響孩子的生活等。專業醫療人士通常會注意，不會在孩子身上亂貼標籤。而正確的診斷將會導向有效的治療方式。

別用焦慮去定義孩子

請記得，無論你的孩子確診哪個類型的焦慮症，這都不會改變孩子的身分。請把你的孩子想像成最美的藍天——他們的焦慮感就是飄過的雲彩，有時是雪白鬆軟的白雲，有時則是黑暗的風暴烏雲。

了解孩子焦慮的本質，就是邁出的美好一步。你的孩子永遠都是藍天，他們的診斷則可以協助我們知道如何用最好的方式支持他們，觀測這片藍天變幻莫測的天氣狀況。

第22章 管理與治療焦慮症的幾個方法

心理學家有兩種有效的方法，可以治療焦慮症：認知行為治療（cognitive behavioural therapy）以及接納與承諾療法（acceptance and commitment therapy）。而後者會結合認知行為治療中所使用的元素與正念思考、接納、價值、同情心與觀察等。本書所分享的觀點、工具、技巧與引導，也都源自於接納與承諾療法。

什麼是療法（以及什麼不是療法）

拜好萊塢電影所賜，大部分的人一講到「心理治療」，腦海中都會浮現出一位坐在辦公椅上的心理醫師，一臉嚴肅的做著筆記，而病患則躺在長沙發上回答醫師拋出的問題，還講述自己的童年回憶。不過，上述場景都不會發生在你孩子的治療過程中，除了對話的部分。

一般來說，醫師與病人會在一個舒適且溫馨的辦公室或房間裡對話，雙方舒服地坐著，可能會有家長陪同。有些心理醫師備有一系列的物品或玩具，讓孩子在診察期間抱著，目的是為了幫助孩子在診療過程中感到更加放鬆。青少年也通常喜歡在診察過程裡手中有些東西可以把玩。

心理醫師與病患之間的關係也非常重要。信任與安全感需要花時間來培養，以便對話順利的進行，也讓孩子能自然回答心理醫師所提出的問題。有些孩子比較願意開口，有些則不太願意進行對話。

認知行為治療（簡稱 CBT）

最常用來治療焦慮孩子的療法，就是認知行為治療，簡稱 CBT。這是一種談話性的療法，且廣泛的研究已證實它有效。在治療孩子上，CBT 的有效程度將近百分之六十。研究顯示，若沒有任何治療行為，只有百分之十六的孩子能夠不靠外力，[1]自行減緩自己的焦慮症狀。

CBT 主要針對孩子思考、感受與表現的方式來進行治療。這種療法的核心概念，就是了解我們的「思考」與「行為」，是如何影響我們的「感受」，形成下圖所示的想法、感受與行為三角。

圖2：想法、感受與行為的三角關係[2]

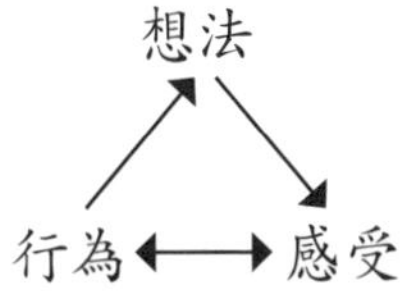

大家都可以從經驗中理解，焦慮兒腦裡所想的事情，會如何影響他們的感受與行為。一個焦慮的孩子只要想到「參加學校樂隊、必須在學期末音樂會上台演出」（這是他的想法）；幾乎馬上就會讓他覺得沮喪、反胃（產生的感受）；於是引發孩子開始哭泣，使盡渾身解數避免音樂課或排演，甚至想直接放棄音樂這個科目（行為）。

CBT的目標就是要支持孩子發展出以下一系列的技巧，包括：

- 代換掉會引發焦慮症的想法，用貼近真實或沒那麼恐怖的想法來替代。
- 放鬆。
- 慢慢讓孩子面對讓他們焦慮的原因。
- 找出證據來反駁自己的想法。

最終，希望能讓孩子改變自己扭曲的想法與失能的行為，從而翻轉孩子的感受。

暴露與反應抑制法（階梯式療法）

暴露與反應抑制法（Exposure and response prevention），簡稱ERP，是認知行為治療中最重要的一種方法。這是一種「面對恐懼」的方法，但不是驟然讓孩子獨自面對恐懼。這個療法其實是要拆解引發焦慮症的情況，把它變成一個個較小的步驟，接著一次又一次地面對一個個較小的步驟，增強自己對焦慮的忍受。

這種療法也稱為階梯式療法，區分成十到廿個療法，來幫助孩子達到特定的動作。舉例來說，孩子看到狗就焦慮。第一步可能會是簡單地寫下「狗」這個字，下一步就是拍一張狗的照片。經過一段時間後，一步一步的，挑戰可能會漸漸變得較難（也更容易引發焦慮感），直到達成最終的目標：讓孩子能夠摸摸或與一隻友善的狗玩。

以下就是一個階梯式療程的範例，也被成為「恐懼階梯」療法，針對怕狗的孩子所設計：

1. 寫下「狗」這個字
2. 與狗造型的玩具玩
3. 讀一篇關於狗的故事
4. 看著狗的照片
5. 看看有趣、搞笑、中性的狗狗影片

6. 看一部裡面有狗的電影
7. 透過櫥窗觀看狗狗
8. 看一群在住家附近的公園裡玩的狗
9. 從對面的街道看狗狗在自家前院玩耍
10. 從對面的街道看一隻（友善）的狗狗拴著狗鍊散步
11. 站在距離栓有狗鍊的狗三公尺處
12. 站在距離栓有狗鍊的狗二公尺處
13. 站在距離栓有狗鍊的狗一公尺處
14. 站在栓有狗鍊的狗旁邊，但不接觸狗
15. 拍拍別人懷中抱著的狗
16. 抱一隻小狗
17. 拍拍一隻栓有狗鍊的小狗
18. 拍拍一隻沒有狗鍊的小狗
19. 拍拍一隻栓有狗鍊的大狗
20. 拍拍一隻沒有狗鍊的大狗[3]

隨著每次階段性的成功，焦慮兒逐漸忘卻自己本能性的逃避反應。他們同時也會發現自己有能力忍受焦慮感，經過反覆練習，焦慮感自然會消失，讓孩子更有勇氣去面對一連串挑戰中的下一步。這些挑戰都是在安全的環境中進行，若焦慮兒感到困難，專業人員也會協助讓他們繼續完成挑戰。

對於患有強迫症的孩子來說，每一個的暴露與反應抑制法當中，最高可能會由五十個步驟所組成，因為孩子不但需要學會忍受暴露源（例如：觸摸門把），他們還要盡量不做出強迫行為（可能是洗手），忍受這樣所帶來的不適感。

舉例來說，孩子可能會先經歷一小段暴露在「細菌」下的短時間，緊接著減少一點點洗手的時間，再來減少香皂的使用量，或是減少重複洗手的次數。

藥物的效果

關於開給孩子的藥物，無論是生理上或精神上的，都需要家長審慎思考。藥物是由執業藥師或精神科醫師所開立，而對兒童或青少年投藥的選擇，會根據幾個因素來決定。有些研究顯示，藥物是一種有效治療焦慮症的方法。[4]不過仍有些問題等待解決，例如安全的用藥年齡並未明定，對於藥物的控制與影響也需要更多深入了解，更別說是最有效的治療時間長度、成癮問題以及兒童停用抗焦慮藥物時可能會造成的影響。[5]

關於用藥物對抗焦慮症，澳洲麥考瑞大學正向與教練心理學系主任約翰・富蘭克林博士（John Franklin）建議，我們應該考慮到焦慮對於整個人的影響。雖然他的看法是針對成人病患，但是他的見解也可適用於焦慮兒。他說，投藥會改變生理，因此在以下兩種情況下投藥，才是有效的療法：

第一種情況就是，有些人的焦慮感其實來自於他們自身的高度敏感、非常緊張的神經系統……在這種情況下，有時將整個系統停擺一陣子，或許是有效的療法。這就是藥物派上用場的時候。

第二種情況，他說，就是當病患無法清楚思考、情緒變得更激動時，就適合用藥。富蘭克林博士說：「病患無法清楚思考，也無法掌握整個情況並做出有效且正確的應對措施。在這樣的情況下減少情緒激動的程度，讓他們重新回到可以思考生活中出現狀況的時候，以便做出有效的決策。」

他也補充，一般而言，一個人攝取的藥物劑量應該是「最小有效劑量」，服藥時間也是越短越好。不管哪個年齡層的病患，都適用這樣的建議。

當解方成為困擾

焦慮的感覺糟透了，所以焦慮的孩子會盡全力「別讓自己感到焦慮」。這點很好理解。我們前面介紹過想法、感覺與行為形成的三角形，接下來我們就來看看，當「解決方案」反而變成「問題來源」時的情形。

以下是一個例子：

想法	音樂會上我不能表演，我會在台上僵住，讓自己丟臉（導致以下感覺）
感覺（導致以下行為）	肚子痛、暈眩、流汗、情緒暴走
行為	不去上音樂課、時常哭泣（導致以下想法）
想法（導致以下感受）	我真的沒救了，如果我連音樂課都不敢去，更不可能在音樂會上演出了。不如現在放棄算了
感覺	難過、絕望、崩潰（導致以下行為）
行為	取消所有的音樂課程

上述例子讓我們看到負面循環是如何形成的，也可以知道行為會回過頭去影響思考模式，使得「解決方案」變成了問題的一部分。

以下是另外一個例子：

想法	我不能去衝浪營——離家這麼遠，沒有爸媽陪伴，我不可能度過四個晚上。萬一爸媽在家發生意外怎麼辦？（導致以下感受）
感受（導致以下行為）	失望、絕望、奇怪、孤獨、擔心
行為	取消衝浪營（導致以下想法）
想法（導致以下感受）	爸媽才不會想我，他們幹嘛想我？他們認為我很幼稚，因為我不敢去參加衝浪營。因為我沒去營隊，其他小孩因此可能很高興。
感受	噁心、後悔、難過，感覺被打敗了（導致以下行為）
行為	逃避

接納與承諾療法（簡稱ACT）

內華達大學的史帝夫・海耶斯（Steve Hayes）教授是接納與承諾療法的先驅，這種療法的英文讀音，就是「行動」這個字。他相信CBT療法是有實證根據的，而ACT療法則是「CBT

療法家族的一員。傳統的CBT療法有一種觀念，那就是你必須要改變你思考的模式，以便改變你感受的模式，進而改變你的行為模式。至於ACT療法則要求患者改變自身與想法、感受的關係，把焦點放在活出當下生活的美好。

ACT療法的目標與CBT略有不同，CBT的目標是希望教導孩子能夠：

1. 察覺自己焦慮的想法，例如，「我的雀斑是一種皮膚癌」。
2. 找出證據來推翻他們的想法，例如：「我已經有雀斑好幾年了，一切依舊如常」；「我依然健康的活著」；「雀斑不會痛」；「如果真的出問題雀斑不會長成現在這樣」；「我的醫生告訴我長雀斑不會怎樣」。
3. 用比較實際、有希望且帶有鼓勵意味的想法來取代造成孩子焦慮的那些想法，例如：「根本沒有什麼好擔心的，我很健康，只是又長一顆雀斑而已」。

而ACT的目標主要在於改變患者與想法以及感受之間的關係，進而讓這些事物不再被當作症狀看待，它們只是來來去去的不舒服事件。這個療法的做法在於，讓患者接納自己的想法、擔心、心理及生理感受，接著採取行動，往真正價值所在的方向前進。[6]

全球暢銷書《快樂是一種陷阱》的作者羅斯．哈里斯（Russ Harris）博士，對於接受想法與感受、採取行為價值導向的行動等事，曾發表看法指出，儘管我們的想法與感受讓我們感到痛苦，我們的手腳依舊能夠活動，表示我們依舊能夠延續我們的生命。我們不需要等到焦慮感消失或等到我們感受良好再來解決重要的事情。ACT 療法的目的並不是徹底清除自己身上的焦慮感，而是與焦慮共存，活出豐富、完整、色彩豐富且有意義的生活。事實是，焦慮感一直存在於我們的生活裡，但我們無須讓它阻礙我們完成重要的事物，我們也不需要因為焦慮而遠離珍視的目標。我們可以扭轉焦慮帶來的局勢，並將其轉為有利於我們的局面。

六個 ACT 行動原則

ACT 療法有六個核心的原則，可以用來培育心理上的韌性——這種能力可以幫助你用正念的方式將注意力拉回到現實，並按照價值導向來採取行動。ACT 療法的原則其實本書各章節都有提到。這六個 ACT 的核心原則是：

1. 接納
2. 認知脫鉤

3. 身在當下
4. 將自身視為主體（觀察想法與感受）
5. 價值
6. 化為行動

ACT 療法本身是一種彈性的心理介入，可以從六個核心價值中擇一開始。很多地方都有很棒的資源能支援你的學習需求。也可以造訪以下網站 www.actmindfully.com.au 來探索哈里斯博士提供給大家參考的資源與工作坊。

挑戰，確實存在

面對焦慮症，往往帶有很大的掙扎。我們很想要擺脫一切困難的想法或感受，但是這麼想只會帶來更多的苦難。ACT 療法能夠幫助孩子學著去察覺自己的想法，只不過改用一種全新的觀點去與自己的想法產生連結：我們可以察覺到自己的想法，但無須深陷於想法中。所有的念頭與感受都會來來去去；真正重要的是採取行動，持續朝著重要價值的方向前進。和朋友去看場電影、從事各項體育活動、在學校樂隊中演奏樂器、參加營隊、到朋友家過夜、上學、考試以及參加體育訓練營等等，都是採取行動、朝著重要價值的方向前進的好例子，而且不管焦慮感是否出現，這些行動都會存在。

ACT有兩個重要的目標：

1. 對於不受歡迎的想法與感受，培養出接受度，因為這些想法與感受的出現與消失並非人為所能控制。
2. 決心要活出生命的價值，並且拿出行動。[7]

ACT能幫助孩子接受自己的想法與感受，以同理心的角度接受自己與他人，並知道什麼事情對自己比較重要（自己的價值），全心投入到能讓自己往目標前進的行動裡面。[8]

現在有許多心理醫師都接受過ACT療法的訓練。另外，你不需要有心理師執照也可以接受ACT的訓練。所以讀者們也可以試著參加ACT療法的訓練課程，發展你自己的一套關於ACT療法模型的獨特理解，用來協同其他專業醫療人員，一起幫助孩子控制焦慮感。

第23章 學校的角色

對於容易產生焦慮感的學生而言，上學很可怕。如果熟悉的老師沒有來、如果有大型的團體學習活動、如果要參與競賽型的體育活動等等，都可能會造成焦慮，導致脈搏加速、腦袋一片空白、腸胃翻攪。學校對於許多學生而言，可以說是培養焦慮時刻的溫床。

在沒有控制的情況下，孩子的焦慮總是會影響到學習成效。如果學生過於擔心，或對未來的事件感到焦慮，那就很難專注學業。專注力的缺失也可以伴隨著恐懼（害怕失敗、被拒絕、被嘲笑等），導致學生選擇相較之下比較安全的選項。更糟的狀況則是，學生不肯參與任何會讓他們感到焦慮的活動。在另一方面，恐懼也可能讓孩子過度規劃、過度演練或過度訓練，因為他們想確保自己一定會成功，結果搞得筋疲力盡。一個焦慮的學生可能會在社交、學業或學校生活中的任何一部分取得成功，但代價可能會是犧牲了當下或未來的快樂、幸福或心理健康。若沒有好好處理焦慮感，總有一天它會找上門來。

學校可以採取的行動

我們發現，老師也很擔心學生之間常見的焦慮症狀。套一句巴布．狄倫的歌詞：「事情就是發生了，但說不清是什麼事。」許多老師其實都知道某事（其實就是焦慮）正在影響學生的學習與行為，但他們也不確定這件事情的本質，也不知道自己可以如何協助。這麼說並不是批評老師，因為連老師都無法完全了解焦慮症的本質，由此可見一般社會大眾更難理解焦慮症。幸運的是，有許多老師在孩子焦慮症發作時，其實還是能夠同時做到第一時間降低學生的焦慮感、幫助孩子控制並調節焦慮的感覺。

別把焦慮看成異常

焦慮只是一種用來形容情緒的名詞。可是大部分的人一提到這個詞，往往避之唯恐不及。其實焦慮並不是一種該讓你害怕的病況，它只不過是一種情緒而已，每一個人都會經歷焦慮。但是，有些孩子更敏感，因此會體會到更強烈的焦慮情緒。就像我們前面提過的，現代社會當中有越來越多引發孩子焦慮的因素，包含與日俱增的電子科技、久坐不動的生活方式、不良的睡眠習慣等。

近年來許多高知名度的公眾人物坦然公布自己的焦慮情形，這能夠幫助我們將焦慮症常態化，讓我們理解到，沒有人能夠對於焦慮免疫的事實。更重要的是，如果你家的年輕人確診焦慮症時，請讓他們知道這不是一件丟臉的事。

老師們可以透過經常與學生討論焦慮，來把焦慮症「常態化」。用一種就事論事的態度講論焦慮，這樣老師就能傳達給學生以下的訊息：我們無須隱藏自己的焦慮。且能讓學生了解：許多人都曾經歷過焦慮，而自己是能夠成功控制焦慮感的。

採取常見的方法來管理焦慮感

疏離的態度往往是孩子用來緩解焦慮症的主要策略。這種情況，可以比喻為「只吃藥來控制症狀，但不處理真正的病灶」——症狀可能會消退或不見，但是病灶還是存在，並在下次遭遇同樣狀況時再度浮現。

我們鼓勵老師們幫助學生接受自己的焦慮感，讓學生理解，當我們面對一個非常巨大的困難時，焦慮會是一種理性的反應。話雖如此，與其透過疏離來降低焦慮的不適感，還不如鼓勵學生逐漸地暴露在會讓他們感到焦慮的情況下。老師可以花一點時間，投注一點敏感與耐心——在一間忙碌的教室裡，時間與耐心都是老師們缺乏的資源。長遠來看，如果老師願意用一對一的形式幫助焦慮症的學生，逐漸地將他們暴露在可能引發焦慮的情況底下，那會對學生很有幫助。

要給予認可，而非給予安慰

焦慮的學生經常將目光望向老師，希望能在自己感到焦慮時得到來自老師的安心感。學生會用許多不同的方式來展現對於安心感的需求，包括孩子不停的尋求老師的意見，要求老師幫他們做決定，經常的尋求讚美等。在孩子焦慮時提供一些安心感，當然是合理的行為，但是太多的安慰將會導致學生過度依賴老師來替他們控制或避免焦慮感。

焦慮的孩子會尋求慰藉，但與其安慰他們，不如向孩子證實他們現在正處於焦慮的狀態下。我們建議，老師可以使用「啊」開頭的句子來驗證焦慮的學生當下的感覺為何，這樣一來，便能讓老師展現出用心傾聽並試圖理解的行為。以下是一些例子：

「啊，你對於參加學校的營隊感到焦慮…」

「啊，你又開始有那種『我搞砸了』的感覺了…」

「啊，因為事情不如你預料所發展，所以你感到沮喪…」

幫助學生一步步爬出焦慮的深淵

許多學校已經導入「階梯式治療法」，鼓勵學生找尋漸進式的方法，達成在學校時對他們而言真正重要的目標，而不是訴諸於逃避。

蘇菲的故事

九歲的蘇菲很怕在教室裡與大家一起團體活動。當孩子們被分成四個一組進行合作性的活動時，蘇菲總是不願加入。蘇菲的老師透納小姐沒有強迫蘇菲加入團體，反而允許蘇菲自己一人成組，完成任務。四次團體活動的課程之後，蘇菲還是獨自作業，於是透納小姐決定逃避並沒有幫助，是時候轉變情勢了。透納小姐使用階梯式療法（或稱暴露與反應抑制法ERP），讓蘇菲逐漸熟悉小組活動。透納小姐與蘇菲一起訂下長期的目標，希望有一天能夠與班上的同學安心地合作。

一開始，蘇菲與她的好朋友伊萊在小組活動時一起作業。她與伊萊的合作互動良好，並在朋友的陪伴下感到舒適。當透納小姐對於蘇菲能夠與伊萊一起合作的表現感到滿意時，她便將蘇菲移上了一階階梯，讓蘇菲與另外一位不同的夥伴在小組活動時間一起作業。蘇菲馬上適應了這樣的安排，所以透納小姐就請蘇菲開始加入四人小組作業，讓她和伊萊還有其他兩位曾經同組過的夥伴成為一組。老師還指派了簡單的工作給蘇菲，讓蘇菲擔任計時，負責確保小組的夥伴們都有完成任務。對於蘇菲而言，這是在通往成功融入小組活動的階梯上更進了一步。透納小姐眼見蘇菲也開始適應這樣的安排，於是在下一次的小組活動課時老師並沒有給予蘇菲特殊的角色安排，但要求她必須參與每一項活動。當蘇菲適應了小組合作的模式，她就漸漸能夠為小組做出貢獻，並且聽從小組長給予的指示。這樣的安排持續了好幾次，蘇菲距離他們當初所預想的目標只有一步之遙。最後一步，便是讓蘇菲與三個她不曾合作過的同學們同組作業。蘇菲輕鬆的達成了這項任務。在短短幾個月內，蘇菲從害羞疏離到能快樂與同儕一起作業，這樣的轉變要歸功於老師使用了暴露與反應抑制法。

教導孩子焦慮背後的運作原理

在第三章中我們解釋過，讓孩子了解焦慮感是如何影響他們的腦袋與身體，對孩子來說是一件很重要的事。這樣的自我認識足以揭開焦慮感的神秘面紗，幫助孩子察覺並控制自己的焦慮狀態。舉例來說，如果孩子完全了解正念思考可以安撫杏仁核，那麼相較於完全不了解的孩子，前者當然更有可能使用正念思考這項工具。本書前面也提供了一些工具給家長，幫助他們用孩子的角度來解釋焦慮階段的大腦是如何運作，以及焦慮所帶來的影響。

與家長相較之下，老師更專業，擁有更多資源，可以在學校用更加深入的心理教育課程來教導學生使用這些工具。聽到這邊，很多老師可能會想：「拜託不要再來一個要我們教學生的東西了。課表已經要爆了，而且我也沒有這種專長。」我們不想增加老師的焦慮感，但是，教導孩子認識焦慮的大腦是如何運作，可以提供學生珍貴的反思素材，幫助他們自我管理焦慮感。這些教學內容讓孩子理解「在壓力下，我的大腦和身體會如何反應」。這樣的課程可以幫助孩子們踏出校園後，在任何工作環境下都能取得成功。

讓教室成為一個心理安全性強的場域

每個老師都知道，一間安全的教室，可以幫助學生達到最佳的學習狀態。「安全」指的不止是生理上的安全，學生需要在心理上也感到安全，才能在學校的環境中蓬勃成長。

預備……開始作答！

老師突然對學生宣布，兩天後將舉辦一場突擊小考。學生對這個消息的反應好壞不一。一小部分很會考試的學生彼此擊掌歡呼：「誰怕誰啊！就考啊！」大多數學生雖然不喜歡這場莫名出現的考試，但想想又覺得這就是校園生活：「反正我有兩天可以準備，到時候就盡力而為啦。」另外還有一小群學生進入慌亂的狀態：三個學生驚呆在現場，另外一人則憤怒的向老師反應準備時間不夠。這一小群人心想：「噢不，我真的沒辦法，這下真的完了。」最後這一組學生的反應，就是大多數焦慮症學童的經典反應，這些孩子的大腦會無所不用其極的來保護他們。這場突如其來的考試嚇壞他們了，嚴重衝擊了他們「需要掌控一切情況」的心理狀態。當他們覺得失去控制的時候，就會覺得沒有安全感，此時杏仁核接管了他們腦部的前額葉區——戰或逃。因此有些學生整個人呆掉了。

老師並不是故意要讓學生感到不安全——他希望在學業上給學生一點挑戰。但是，這場突襲小考並沒有任何事前的警告，也沒也充裕準備時間，實際上侵犯了全體學生在心理安全感方面的需求。當大腦處在焦慮狀態下，它是無法分辨「實際生理威脅」或「心理威脅」的，兩者對它來說都是一樣的，所以這些學生會以遭受生理攻擊威脅的反應（戰或逃或呆掉）來面對這場突擊小考。

一間「讓焦慮的孩子心理上感到安全」的教室，到底該具備哪些要素？以下我們就來詳細探討。

有威信的領導者

當一個班級是由具有權威領導風格的老師帶領時，比較適合那些容易焦慮的學生。「權威型領導者」的概念首先由科學記者丹尼爾．戈爾曼（Daniel Goleman）在他的情商理論中確立，這樣的領導者可以在維持秩序或保持權威感的同時，又能與底下的人產生各別的連結。他們與專制領導人的不同之處在於，權威型領導人比較不注重服從，也不要求下屬嚴格遵守規則，反而更加關注下屬的個人差異；同時，他們能夠維持井然有序的環境。如果焦慮的孩子要在學校感到安全，老師能夠把教室環境保持得井然有序的能力便非常重要。

組織、規律和常規

容易焦慮的學生比較適應組織、規律等等。焦慮的孩子每天早上醒來的第一個想法就是：「我今天應該怎麼過？」他們會將一整天的行程放在「預測顯微鏡」底下仔細檢視一遍，如果今天的行程沒有意外，那麼孩子便會感到放鬆。如果行程上出現不確定的項目，例如放學後不知道是誰來接他，這時孩子就會感到緊張或焦慮。如果行程中突然出現一個來不及做準備的小插曲，他們就會感到高度緊張。焦慮的孩子就像團體（組織）一樣，事前做好萬全準備時就能發揮最佳作用。這些孩子喜歡有規劃、有組織、有明確領導的教室環境，好讓他們隨時預測接下來何時會發生什麼活動與課程。

社交故事

現在社會對於自閉症的認識越來越深，很多老師也能察覺到班上其實有許多診斷為自閉症的學生，這些孩子對於日常活動或常規的任何改變，都會擔心不已。先前提到過，有個不錯的方法可以幫助這樣的孩子適應壓力，那就是「社交故事」的技巧：在事前就與孩子們討論那些即將來臨的新狀況，幫助他們預作準備。例如去郊遊之前，老師可以和學生們討論當天可能會發生的事情，盡可能具體講述細節，例如會看到什麼等視覺上的訊息，幫助學生的大腦展開情境模擬，這會幫助他們在心理上規劃即將到來的那一天。

客製化的焦慮管理策略

若孩子有一段時間不肯上學，好不容易重返校園了，這時可能需要老師、家長、甚至是專業人士的幫助，為孩子發展出一套適合他自己的、客製化的焦慮管理策略。例如先在家完成課堂作業、讓孩子慢慢感到自在後再進入校園找朋友等。若孩子在其他的情境中也表現出焦慮，也可使用這種方法。例如不敢參與學校話劇演出的孩子，第一步可以分配他擔任舞台工作人員，接著慢慢讓他演出舞台上的群眾角色。

我們同樣可以為害怕參加學校營隊的孩子，打造一個客製化的焦慮管理計劃。例如先去參加營隊半天，慢慢延長到一整天。另外，父母也可以陪同在營地過夜，但務必要與焦慮的孩子保持距離，讓孩子一方面培養自己的獨立，一方面心裡也知道父母就在附近。

為孩子制訂客製化的焦慮管理計劃時，必須讓孩子一同參與，因為焦慮的孩子需要感覺到這份計劃依然在自己能掌握的範圍內。一旦他們感到風險大到超過他們能應付的範圍，那麼就算有再好的焦慮管理計劃，也無法發揮效用。

將情緒管理工具融入校園及教室的生活中

老師可以提供孩子們照顧自己的工具，來幫助他們自我調節焦慮，讓他們不必依靠他人也能緩解焦慮感。在第四篇中，我們介紹了父母可以使用的五個關鍵自我調節工具。這些工具也可以用在課堂和學校生活中。以下是我們建議的做法。

檢查法

「大家對於學校舉辦的舞會有什麼感覺呢？」這個問題一定會引發各種答案，從「緊張」、「快樂」、「不安」到「超棒」、「好酷」、「帥喔」到「尷尬」。這些全都是標準答案，只不過代表的情緒覺察程度不同。「我不知道」是我們最不喜歡的答案，因為這表示孩子在這個議題上缺乏情緒覺察的能力。如果學生想要管理自己的焦慮感，就必須要建立起自己察覺情緒狀況的能力。有些學生做起這件事來如魚得水，有些學生則需要經過一番掙扎，才能辨別許多不同種類的感受隨時都在影響著他們。

因此，我們建議老師應該教導學生一種有效辨別自己情緒的方法：檢查法。第九章已經敘述過這個方法。老師可以透過檢查法，輕鬆地把「情緒覺察」融入課堂生活中。這個方法也能幫助學生把情緒轉換成為「可以順利完成不同的學習任務」的狀態。例如，學生必須撰寫一篇分析的文章，那麼若能轉換情緒進入「思考」的狀態，就很有幫助了。而檢查情緒是學生完成這項寫作任務的第一步。

運動

想要釋放因為焦慮而引起的緊張和壓力，最棒的方法之一就是運動。最能有效釋放緊張的運動，通常需要用到人體最壯碩的肢體，也就是手臂和雙腿。通常只要做些簡單的操場活動，包括奔跑，追逐和攀爬，就足以釋放神經緊張的感覺，促進腦內啡的分泌，讓人感覺良好。

並不是每個孩子都喜歡在下課時跑來跑去，許多人更喜歡坐下來玩安靜的遊戲。值得注意的是，有研究顯示，中學生的活動量，遠少於小學生的活動量。因此，老師可能需要採取積極的作為，敦促學生跑起來，例如用遊戲展開一天，或者跟隨音樂起舞，或鼓勵學生走路或騎自行車上學。

正念與呼吸練習

學校生活的本質，就需要學生不斷關注未來：明天要做什麼、下星期有什麼事、下學期的進度。不過，焦慮是一種當下的感受，往往是由未來引發的。明天要寫的功課、下週的游泳課和下學期的夏令營都會讓學生產生焦慮感，導致有些學生把所有的時間都花在擔心、躊躇與害怕根本還沒有發生的活動上。

每日的正念練習是讓學生的注意力回到當下的絕妙方法。我們建議，老師們不僅可以在學生感到壓力時引導他們使用正念練習，也可以將正念融入到學校與教室裡的日常生活中。

正念訓練可以與運動相互搭配使用，但正念最常與深呼吸連結在一起。老師可以用三到五分鐘的正念活動展開每一節課，不但能為課堂營造學習氣氛，也可以將這個美好的鎮靜工具教給孩子們。同時，老師也可以將簡單的呼吸練習融入到課堂教學中，向學生們演示這種他們隨時隨地都能用的簡單放鬆技巧。

認知脫鉤

如果學生正在擔心，老師可以提出這個非常有力的問題：「這些擔心或想法有用嗎？有幫助嗎？」答案永遠是否定的，從而引出下一個問題：「你覺得自己能做哪些有幫助的事？」

教師可以鼓勵孩子們退後一步，用分析的方式考慮自己的思維，這一點至關重要。因為這個技巧能讓孩子正視自己的想法，而非從想法去看世界。認知脫鉤是一種「製造距離」的技巧，在第十三章當中已經介紹過，可以讓孩子們掌握自己的消極思維模式，例如「那次考試我一定會考得很差」，然後再加上一句話，就像是「我注意到我有一個想法，就是我會在那次考試中考得很差」。不管孩子多大，都可以練習這種抽離教巧。學生如果能確定自己的想法是無益的，接著老師就可以鼓勵他們採取行動，以便朝著有價值的方向前進。

幸福青紅燈

以下是一種簡單、有效的工具，叫做「幸福青紅燈計劃」，可以幫助學生提高對於自身幸福感的覺察程度。可以在 www.anxietyintoresilience.com. 網站下載專屬於你的彩色版本。

醫院、營養學界、高齡照護與心理健康領域經常使用類似的紅綠燈系統來評估情況。學生們可以在不同的燈號區域底下做紀錄，描述自己的感受，描述自己感覺良好時會做什麼事，什麼時候會覺得有點痛苦，什麼時候會確信自己沒辦法了，需要幫助了。

圖三：幸福青紅燈

綠色：當我……的時候，我知道自己的幸福指數是良好的	黃色：當我……的時候，我知道自己開始覺得有點辛苦。	紅色：當我……的時候，我知道自己正在掙扎，並需要協助。
感覺良好／很棒	**開始掙扎**	**紅色警報**
徵兆：	徵兆：	徵兆：
什麼東西能支持我，讓我感覺更好？	什麼東西能支持我，讓我感覺更好？	什麼東西能支持我，讓我感覺更好？
誰能夠給我支持？	誰能夠給我支持？	誰能夠給我支持？

當我們使用這一套評估方式的時候，可以用以下的步驟來進行。

1. 與學生進行對話，主題是感受。所有的感覺都是自然的，它們來來去去；有些感覺很好，有些感覺不好，沒有所謂「錯誤」的感覺，每天經歷各式各樣的感覺是一種非常自然的事。向學生介紹第二十二章提到的，思想、感覺與行為所組成的三角形，讓孩子們可以理解這三種元素彼此之間如何相互影響。也可以把這個活動擴展成全班的動腦時間（或兩人一組，也可以是一個小組），然後在黑板上列出或整理得到的想法。

2. 要求學生進行小組討論，主題是「當我感覺良好時，我有哪些想法、感受和行為」。內容最好要包括感覺良好時的睡眠情況、情緒、運動量、社交能力、休閒活動、上課時間與完成家庭作業時的感受、喜歡跟誰一起耗時間、課後活動的參與程度、自己有什麼感受、思緒裡有什麼內容、自言自語都在說些什麼、身體健康的情形、使用電子產品的時間等。在白板上寫出「感覺良好」的大標題，然後把以上討論出來的內容，用綠色白板筆寫在大標題之下。

3. 發給每個學生一份幸福青紅燈計劃表，請他們按照指示完成綠色「感覺良好」的部分。他們可以把步驟2的討論內容寫下，也可以填入一些更貼近個人經驗的獨特事件。接著請學生詳細解說「哪些事物讓他們擁有良好感受」，敘述這些事物是如何讓他們維持好的心情。

4. 填寫下一格（黃色）的「開始掙扎」前，請先重複步驟2，將班上同學提供的答案整理在白板上的同一標題下，可以的話請用橘色書寫。

5. 要求學生完成幸福青紅燈計劃表的黃色部分。這部分有個空白處，可以填入「我該採取哪些行動，讓自己從黃色區域轉回到綠色區域」。學生也可以記下當自己開始感到不舒適的時候，可以向誰求助，例如父母、其他家庭成員、某位老師，甚至是家庭醫生。鼓勵學生們說得具體一點。

6. 完成幸福青紅燈計劃表中的「紅色警戒」區域。利用這個機會，與全班同學討論幸福感下降的情形，包括社交退縮、情緒低落、焦慮加重、難以入睡或睡眠障礙、亂吃東西、過量使用電子產品等。當情緒處於紅色警戒區域時，孩子們可能會感到煩躁、悲傷、壓力、憤怒、內疚、痛苦、沮喪、失望、胃痛、不知所措、擔心學校、友誼、家庭或自己的未來。此時孩子們也可能會逃避平常喜歡的活動，很難集中精神。老師可以依照孩子們的年齡，提出適當的例子來討論。

7. 定期讓學生回顧自己的幸福計劃表，指出自己當下處於哪一個燈號區域內，並鼓勵學生實踐他們列出的那些行動，讓自己常往綠色區域靠近。

老師的身教

各國的研究都顯示，教師這份工作的壓力非常大。二〇一七年澳洲關於教師的研究指出，每八十三名教師中，就有一人正因為長期壓力或心理倦怠而休長假，[1]且這樣的人數以每年百分之五的速度成長。另一份報告顯示，由於高度的壓力和職業倦怠，百分之二十的教師在執教的前五年考慮轉行。在其他地區，情況也類似，美國密蘇里州有百分之九十三的小學教師表示壓力很大。[2]毫無疑問，學校是一個壓力巨大的工作場所。教師常常先顧到學生，而忘了照顧自己，且工時太長，又必須處理超過自己能力、或者根本無法應付的工作。

如果教師在校園內必須處理學生的焦慮問題，那麼老師當然也得注意自己的心理健康和福祉。一個背負沉重壓力的老師，很難為學生提供幫助。就學校角度來看，教師的壓力需要以整體的方式來解決，包括工作量的管理、改善學生的行為、提供足夠的時間來學習新技能。但回到教師本身，老師們還是可以用許多方法來管理自己的壓力。

本書先前提到的五種焦慮管理工具——檢查法、深呼吸、正念、運動以及思想脫鉤——都可供教師管理自己的焦慮感。我們呼籲教師將這些工具加入到個人的幸福清單中，經常練習這些技能，利用這些技能來處理自己的焦慮。

要是老師自己也排斥使用這些工具的話，就很難把這些技能教給孩子們。一個了解正念練習如何運作的老師，更有可能將這種工具介紹給班上的學生認識。一個體驗過深呼吸是如何讓人快速放鬆的老師，也會知道如何使用深呼吸來改變班級裡的氛圍。如果一個老師親身經歷過運動確實能夠釋放壓力，他更有可能找機會讓孩子們在學校裡動起來。當教師親身實踐自己的教學內容，就會進一步激發熱情和意志，使學生更容易學到這些重要的焦慮管理技巧。

結語

焦慮症非常痛苦。當身邊親近的人飽受焦慮之苦，相信你也會感到一連串令人不愉快、通常是難受的情緒，包括憂慮、困惑、憂慮、痛苦等。我們希望本書可以讓你感到寬慰、放心和安慰。你可以感到寬慰的是，無論是你的孩子，或身邊正在經歷焦慮所苦的孩子，對他們來說這些情緒其實非常常見、而且能為大眾所理解。你可以放心的是，現在你對於焦慮症有了更深的理解，也獲得了一系列實用的工具和健康的生活建議，這些技巧可以讓焦慮的孩子活出充實幸福的生活。最重要的是，閱讀本書後希望你能了解，在你幫助孩子從焦慮轉變為韌性的路上，你們並不是孤軍奮戰。希望你像我們一樣，感到鬥志高昂，願意投入改變社會，讓大家把焦慮相關的問題和對話視為正常現象，從此再也不必關起門來偷偷談論焦慮。你即將成為先驅者，徹底翻轉孩子們管理焦慮問題的方法。希望你會和我們一樣開心。

接受與承諾

焦慮對於許多孩子而言可說是常伴左右，可惜不是好友，而是以惡魔的角色出現，而孩子被關在一個由惡魔編織的牢籠裡，與焦慮進行著長期又辛苦的抗戰。簡單的活動，例如參加學校的夏令營，都可以成為孩子害怕的事情。或者，孩子選擇逃避那些帶來不適的事件或情況，「門都沒有，我才不參加」成為他們面對焦慮的預設立場。但這麼做的同時，孩子正為自己的潛能和幸福畫地自限。

我們認為，孩子們應該與自己的焦慮共存，而不是與之抗爭或忽視它、希望它消失。焦慮症是不會消失的。如果不加以控制，症狀可能會在往後的成長期或成年後復發。我們要讓孩子們正視自己的恐懼，儘管他們有焦慮感，但還是可以從事任何對他們來說重要的事情。那些很想上台表演、卻因為焦慮感而不願參加學校話劇的孩子，真的錯過了太多。最好的辦法是，他們接受「演出會帶來焦慮」這個事實，但還是去參加演出，利用本書中介紹的一些工具幫助他們管理自己的情緒。如果有一位支持他們的家長、老師或教練，能認識到他們的焦慮所造成的混亂，但又鼓勵他們在焦慮情緒起伏的過程中，努力參與活動，且控制自己的焦慮情緒，那麼這對他們的幫助是非常大的。

雖然接納與承諾療法在一開始可能會讓孩子感到有點不舒服，但孩子的焦慮症狀將會隨著時間獲得緩解，孩子的「將焦慮感轉移到背景」技巧也會日益熟練，孩子將會開始願意參與一些會帶給他們意義、目標與快樂的活動。

實踐所學

許多家長常不知道該如何幫助焦慮的孩子。我們建議，你目前幫助孩子管理焦慮的方式，先別急著大刀闊斧的改變，因為劇烈的行為改變很難持久。循序漸進的方法——小步的、漸進的方式進行改變和改善，會更有效、更持久。

公開談論

與夥伴、同事或朋友討論你在本書中學到的東西。這將幫助你綜合整理所學習到的資料，以及與自身情況相關的想法和策略。口頭表達則能夠幫助你澄清和梳理想法，讓那些對你來說最重要的想法浮現出來。通過討論本書的內容，你甚至可以爭取到一個值得信賴的盟友，支持你在家庭、課堂或團體中做出改變，讓你能夠更有效的給予焦慮兒支持與鼓勵。

一次一小步

把你想要練習的技能和工具，拆解成幾個方便管理的小單元。首先，當孩子對某個情況或事件過度反應時，家長別急著反應，深思熟慮之後再處理。例如孩子相信世界末日要到了，而你不知該如何幫他，不要擔心。把你的精神集中在保持冷靜上面，透過呼吸，察覺到焦慮。試圖改變他人行為的時候，把注意力放在自身，接著才向外拓展，這是個不錯的辦法。

陪伴孩子

若孩子飽受焦慮之苦，家長可以選擇適合孩子年齡的方式，與孩子討論焦慮，幫助他們了解焦慮的生理基礎，以便讓孩子找到最佳的方法來自我管理情緒。親子可以討論會引發焦慮的事件和情況，這樣就可以有意識地（而不是無意識地）事前做好準備。與孩子們分享你自己的恐懼、憂慮和焦慮，並討論你覺得對你有效的應對機制。健康的家庭和團體都有一個特點，那就是無論碰到什麼事情，都能公開討論。敞開心扉討論，並不會加劇孩子的焦慮，反而有助於創造一種接受、正常化和同理心的文化。

打鐵趁冷

不要等到孩子恐慌症發作時，才開始學習深呼吸等情緒管理工具。反而是要在孩子平靜、可以控制情緒的時候，先用有趣的方式帶他們練習深呼吸。學習本書所介紹的其他工具時，也適用這個方法，因為正念與認知脫鉤等工具，不容易在壓力下實施。先讓孩子在壓力較低的情況下，反覆練習那些可以幫助他們的工具，日後面臨焦慮之時，才能真正派上用場。

與我們保持聯繫

希望本書能幫助你與生命中的焦慮兒一起收服焦慮。我們和你一樣，也希望孩子們能快樂、成功，讓他們所愛的一切成為他們生活的中心，而他們的焦慮則退居二線。我們很願意與你分享我們的發現，也樂意聽聽你曾面臨的挑戰，更重要的是，希望你與我們分享，在使用本書中介紹的方法、工具和生活方式後所獲得的成功案例。下一頁我們會提供你聯繫筆者的詳細資訊，歡迎你和我們一起繼續探索更多實用的方法，幫助焦慮的孩子把生活過得更加豐富。

附錄

若欲聯繫本書作者麥可和裘蒂，可以造訪網站：
www.anxietyintoresilience.com

臉書：Parenting Ideas

推特：@michaelgrose

線上學校：https://www.parentingideas.com.au/schools

若欲下載幸福青紅燈計劃表，可至網站：
www.anxietyintoresilience.com

若欲透過網路聯繫麥可，可至網站：
http://www.parentingideas.com.au/

若欲透過網路聯繫裘蒂，可至網站：
http://www.drjodirichardson.com.au/

或臉書：Dr Jodi Richardson – Happier on Purpose

推特：@drjodirichardson

部落格：www.drjodirichardson.com.au/

註釋

第 1 章

1. Gregory, A. M., Caspi, A., Moffitt, T. E., Koenen, K., Eley, T. C. & Poulton, R., 'Juvenile mental health histories of adults with anxiety disorders', American Journal of Psychiatry, 164(2), 2007, pp. 301–8.
2. Chris McCurry shared this viewpoint in 2017 durin g an interview for our Parenting Anxious Kids online course (www.parentingideas.com.au/product/parenting-anxious-kids-online-course).
3. Polanczyk, G. V., Salum, G. A., Sugaya, L. S., Caye, A. & Rohde, L. A., 'Annual research review: A meta-analysis of the worldwide prevalence of mental disorders in children and adolescents', Journal of Child Psychology and Psychiatry, 56(3), 2015, pp. 345–65.
4. Young Minds Matter Mental Health Survey, 2015.
5. Australian Institute of Health and Welfare, 'Australia's Health 2018: In brief', 2018.
6. Twenge, J. M., Gentile, B., DeWall, C.N., Ma, D., Lacefield, K., Schurtz, D., 'Birth cohort increases in psychopathology among young Americans, 1938–2007', Clinical Psychology Review, 30, 2010.
7. Twenge, J. M., 'The age of anxiety? The birth cohort change in anxiety and neuroticism, 1952–1993', Journal of Personality and Social Psychology, 79(6), 2000, pp. 1007–21.
8. Xin, Z., Zhang, L. & Liu, D., 'Birth cohort changes of Chinese adolescents' anxiety: A cross-temporal meta-analysis, 1992–2005', Personality and Individual Differences, 48(2), 2010, pp. 208–12; National Society for the Prevention of Cruelty to Children, 'Anxiety a rising concern in young people contacting Childline', 2016.
9. Hiscock, H., Neely, R. J., Lei, S. & Freed, G., 'Paediatric mental and physical health presentations to emergency departments, Victoria, 2008–15', Medical Journal of Australia, 208(8), 2018, pp. 343–8.
10. Ialongo, N., Edelsohn, G., Werthamer-Larsson, L., Crockett, L. & Kellam, S., 'The significance of self-reported anxious symptoms in first-grade children', Journal of Abnormal Child Psychology, 22(4), 1994, pp. 441–55.
11. Bhatia, M. S. & Goyal, A., 'Anxiety disorders in children and adolescents: Need for early detection', Journal of Postgraduate Medicine, 64(2), 2018, pp. 75–6.
12. Kessler R. C., Berglund, P., Demler, O., Jin, R., Merikangas, K. R. & Walters, E. E., 'Lifetime prevalence and age-of-onset distributions of DSM-IV disorders in the National Comorbidity Survey Replication', Archives of General Psychiatry, 62(6), 2005, p. 593.
13. Leutwyler, B., 'Metacognitive learning strategies: Differential development patterns in high school', Metacognition and Learning, 4(2), 2009, pp. 111–23.
14. Flavell, J. H., Green, F. L. & Flavell, E. R., 'Development of children's awareness of their own thoughts', Journal of Cognition and Development, 1(1), 2000, pp. 97–112.
15. Herrington, C. G., 'Children's metacognitive development and learning cognitive behavior therapy', PhD dissertation, Vanderbilt University, Tennessee, 2014.
16. Flavell, J. H., Green, F. L. & Flavell, E. R., 'The mind has a mind of its own: Developing knowledge about mental uncontrollability', Cognitive Development, 13(1), 1998, pp. 127–38.
17. Ibid.
18. Waters, S. F., West, T. V. & Mendes, W. B., 'Stress contagion: Physiological covariation between mothers and infants', Psychological Science, 25(4), 2014, pp. 934–42.

19. Oberle, E. & Schonert-Reichl, K. A., 'Stress contagion in the classroom? The link between classroom teacher burnout and morning cortisol in elementary school students', Social Science & Medicine, 159, 2016, pp. 30–7.
20. Price, J. S., 'Evolutionary aspects of anxiety disorders', Dialogues in Clinical Neuroscience, 5(3), 2003, pp. 223–36.
21. Peterson, C., 'What is positive psychology, and what is it not?', Psychology Today (Australia), 2008.
22. Rapee, R. M., 'Anxiety disorders in children and adolescents: Nature, development, treatment and prevention', 2012.

第 2 章

1. Gottschalk, M. G. & Domschke, K., 'Genetics of generalized anxiety disorder and related traits', Dialogues in Clinical Neuroscience, 19(2), 2017, pp. 159–68.
2. Holt, M. K. & Espalage, D. L., 'Perceived social support among bullies, victims, and bully-victims', Journal of Youth and Adolescence, 36(8), 2007, pp. 984–94.
3. Platt, R., Williams, S. R. & Ginsburg, G. S., 'Stressful life events and child anxiety: Examining parent and child mediators', Child Psychiatry and Human Development, 47(1), 2016, pp. 23–34.
4. Fremont, W. P., Pataki, C. & Beresin, E. V., 'The impact of terrorism on children and adolescents: Terror in the skies, terror on television', Child and Adolescent Psychiatric Clinics of North America, 14(3), 2005, pp. viii, 429–51.
5. Kar, N. & Bastia, B. K., 'Post-traumatic stress disorder, depression and generalised anxiety disorder in adolescents after a natural disaster: A study of comorbidity', Clinical Practice and Epidemiology in Mental Health, 2(17), 2006.
6. Twenge, J. M., iGen (Atria Books: New York), 2017.
7. Australian Communications and Media Authority, 'Communications report 2011–12 series, Report 3 – Smartphones and tablets take-up and use in Australia', 2013, p. 2.
8. Twenge, J. M., Martin, G. N. & Campbell, W. K., 'Decreases in psychological well-being among American adolescents after 2012 and links to screen time during the rise of smartphone technology', Emotion, 18(6), 2018, pp. 765–80; Zhao, J., Zhang, Y., Jiang, F., Ip, P., Ho, F. K. W., Zhang, Y. & Huang, H., 'Excessive screen time and psychosocial well-being: The mediating role of body mass index, sleep duration, and parent-child interaction', The Journal of Pediatrics, 202, 2018, pp. 157–62.
9. Robinson, T. N., Banda, J. A., Hale, L., Lu, A. S., Fleming-Milici, F., Calvert, S. L. & Wartella, E., 'Screen media exposure and obesity in children and adolescents', Pediatrics, 140(Suppl 2), 2017, pp. 97–101.
10. Oh, J. H., Yoo, H., Park, H. K. & Do, Y. R., 'Analysis of circadian properties and healthy levels of blue light from smartphones at night', Scientific Reports, 5(1), 2015, p. 11325.
11. Wahlstrom, K., 'Sleepy teenage brains need school to start later in the morning', The Conversation, 13 September 2017.
12. De Berardis, D., Marini, S., Fornaro, M., Srinivasan, V., Iasevoli, F., Tomasetti, C., Valchera, A., Perna, G., Quera-Salva, M. A., Martinotti, G. & di Giannantonio, M., 'The melatonergic system in mood and anxiety disorders and the role of agomelatine: Implications for clinical practice', International Journal of Molecular Sciences, 14(6), 2013, pp. 12458–83; Malhotra, S., Sawhney, G. & Pandhi, P., 'The therapeutic potential of melatonin: A review of the science', MedGenMed: Medscape General Medicine, 6(2), 2004, p. 46; Ochoa-Sanchez, R., Rainer, Q., Comai, S., Spadoni, G., Bedini, A., Rivara, S., Fraschini, F., Mor, M., Tarzia, G. & Gobbi, G., 'Anxiolytic effects of the melatonin MT2 receptor partial agonist UCM765: Comparison with melatonin and diazepam', Progress in Neuro-Psychopharmacology and Biological Psychiatry, 39(2), 2012, pp. 318–25.
13. Lambert, G. W., Reid, C., Kaye, D. M., Jennings, G. L., & Esler, M. D., 'Effect of sunlight and season on serotonin turnover in the brain', The Lancet, 360(9348), 2002, pp. 1840–2.
14 Mead, M. N., 'Benefits of sunlight: A bright spot for human health', Environmental Health Perspectives, 116(4), 2008, pp. 160–7.

15. Wurtman, J. J., 'Dropping serotonin levels: Why you crave carbs late in the day', Huffington Post, 16 February 2011.
16. Zohar, J. & Westenberg, H. G., 'Anxiety disorders: A review of tricyclic antidepressants and selective serotonin reuptake inhibitors', Acta Psychiatrica Scandinavica. Supplementum, 403, 2000, pp. 39–49.
17. Yoo, S.-S., Gujar, N., Hu, P., Jolesz, F. A. & Walker, M. P., 'The human emotional brain without sleep – a prefrontal amygdala disconnect', Current Biology, 17(20), 2007, pp. 877–8.
18. Haynes, T. & Clements, R., 'Dopamine, smartphones & you: A battle for your time', Science in the News blog, Harvard University Graduate School of Arts and Sciences, 1 May 2018.
19. Twenge, J. M., 'Have Smartphones Destroyed a Generation?', The Atlantic, September 2017.
20. Common Sense Media, 'The Common Sense census: Media use by tweens and teens', 2015.
21. Fahy, A. E., Stansfeld, S. A., Smuk, M., Smith, N. R., Cummins, S. & Clark, C., 'Longitudinal associations between cyberbullying involvement and adolescent mental health', Journal of Adolescent Health, 59(5), 2016, pp. 502–9.
22. Beyond Blue, 'Bullying and cyberbullying'.
23. Visit www.ditchthelabel.org for the largest anti-bullying support hub in the world.
24. Spence, n.d.; moodgym cognitive behavioural therapy training program, n.d.; Grose & Richardson.
25. Rothman, L., 'The computer in society: Sorry, this 50-year-old prediction is wrong', Time, 2 April 2015.
26. OECD, How's Life? 2017: Measuring well-being, OECD Publishing, 2017.
27. Dinh, H., Strazdins, L. & Welsh, J., 'Hour-glass ceilings: Work-hour thresholds, gendered health inequities', Social Science & Medicine, 176, 2017, pp. 42–51.
28. Strazdins, L., OBrien, L. V., Lucas, N. & Rodgers, B., 'Combining work and family: Rewards or risks for children's mental health?', Social Science & Medicine, 87, 2013, pp. 99–107.
29. McLoyd, V. C., 'The impact of economic hardship on Black families and children: Psychological distress, parenting, and socioemotional development', Child Development, 61(2), 1990, pp. 311–46.
30. Gray, P., 'The decline of play and the rise of psychopathology in children and adolescents', American Journal of Play, 3(4), 2011, pp. 443–63.

第 3 章

1. Shin, L. M. & Liberzon, I., 'The neurocircuitry of fear, stress, and anxiety disorders', Neuropsychopharmacology: Official publication of the American College of Neuropsychopharmacology, 35(1), 2010, pp. 169–91.
2. Qin, S., Young, C. B., Duan, X., Chen, T., Supekar, K. & Menon, V., 'Amygdala subregional structure and intrinsic functional connectivity predicts individual differences in anxiety during early childhood', Biological Psychiatry, 75(11), 2014, pp. 892–900.
3. Bishop, S., Duncan, J., Brett, M. & Lawrence, A. D., 'Prefrontal cortical function and anxiety: Controlling attention to threat-related stimuli', Nature Neuroscience, 7(2), 2004, pp. 184–8; Park, J., Wood, J., Bondi, C., Del Arco, A. & Moghaddam, B., 'Anxiety evokes hypofrontality and disrupts rule-relevant encoding by dorsomedial prefrontal cortex neurons', Journal of Neuroscience: The official journal of the Society for Neuroscience, 36(11), 2016, pp. 3322–35.
4. Leung, M.-K., Lau, W. K. W., Chan, C. C. H., Wong, S. S. Y., Fung, A. L. C. & Lee, T. M. C., 'Meditation-induced neuroplastic changes in amygdala activity during negative affective processing', Social Neuroscience, 13(3), 2018, pp. 277–88; Taren, A. A., Creswell, J. D. & Gianaros, P. J., 'Dispositional mindfulness co-varies with smaller amygdala and caudate volumes in community adults', PLoS ONE, 8(5), 2013, e64574.
5. Harvard Health Publishing, 'Understanding the stress response', March 2011.

第 4 章

1. Merikangas, K. R., He, J.-P., Burstein, M., Swanson, S. A., Avenevoli, S., Cui, L., Benjet, C.,

Georgiades, K. & Swendsen, J., 'Lifetime prevalence of mental disorders in U.S. adolescents: Results from the National Comorbidity Survey Replication – Adolescent Supplement (NCS-A)', Journal of the American Academy of Child and Adolescent Psychiatry, 49(10), 2010, pp. 980–9.
2. Kessler, R. C., Amminger, G. P., Aguilar-Gaxiola, S., Alonso, J., Lee, S. & Üstün, T. B., 'Age of onset of mental disorders: A review of recent literature', Current Opinion in Psychiatry, 20(4), 2007, pp. 359–64.
3. Siddaway, A. P., Taylor, P. J. & Wood, A. M., 'Reconceptualizing anxiety as a continuum that ranges from high calmness to high anxiety: The joint importance of reducing distress and increasing well-being', Journal of Personality and Social Psychology, 114(2), 2018, pp. e1–e11.
4. Miller, L., The silent epidemic: Anxiety disorders in school children, 2012.
5. Beesdo, K., Knappe, S. & Pine, D. S., 'Anxiety and anxiety disorders in children and adolescents: Developmental issues and implications for DSM-V', Psychiatric Clinics of North America, 32(3), 2009, pp. 483–524; Young, K., 'Fear and anxiety – An age by age guide to common fears, the reasons for each and how to manage them', Hey Sigmund, n.d.
6. Beesdo, Knappe & Pine, 2009.
7. Beyond Blue, 'A parents' guide to anxiety and depression in young people', n.d..
8. Beyond Blue, 'Anxiety in Children', n.d.; Anxiety Canada, 'Managing an anxious child – where to start', 2017; Rapee, 2012.
9. Beyond Blue, 'Anxiety in Children', n.d.
10. Rapee, 2012.
11. Crome, E., Grove, R., Baillie, A. J., Sunderland, M., Teesson, M. & Slade, T., 'DSM-IV and DSM-5 social anxiety disorder in the Australian community', Australian and New Zealand Journal of Psychiatry, 49(3), 2015, pp. 227–35.
12. American Psychiatric Association, Diagnostic and Statistical Manual of Mental Disorders, 5th Edition (APA: Arlington, VA), 2013.
13. Canadian Mental Health Association, 'Anxiety Disorders in Children and Youth', Visions, 14(Spring), 2002.
14. Boileau, B., 'A review of obsessive-compulsive disorder in children and adolescents', Dialogues in Clinical Neuroscience, 13(4), 2011, pp. 401–11.
15. Geller, D. A., 'Obsessive-compulsive and spectrum disorders in children and adolescents', Psychiatric Clinics of North America, 29(2), 2006, pp. 353–70.

第 6 章

1. McCurry, C., Working with Parents of Anxious Children: Therapeutic strategies for encouraging communication, coping, and change (W. W. Norton & Company: New York), 2015.

第 7 章

1. Witt, S., Raising Resilient Kids (Collective Wisdom Publications: Melbourne) 2018, p. 5.

第 9 章

1. 'Checking in' information from Brackett, M., Ruler Program, n.d.

第 10 章

1. Goldman, B., 'Study shows how slow breathing induces tranquility', Stanford Medicine News Center, 30 March 2017.

第 14 章

1. Cooper, L., 'Australia, we have a sleep deprivation problem', Huffington Post, 7 February 2017.

第 16 章

1. Brown, B., 'Why goofing off is really good for you', Huffington Post, 3 February 2014.
2. Alexander, J. J. & Sandahl, I., The Danish Way of Parenting: What the happiest people in the world know about raising confident, capable kids (TarcherPerigee: New York), 2016, p. 16.
3. Sutton-Smith, B., 'We study play because life is hard', Psychology Today (Australia), 2015.
4. Lazarus, R. S., Dodd, H. F., Majdandžić, M., de Vente, W., Morris, T., Byrow, Y., Bögels, S. M. &

Hudson, J. L., 'The relationship between challenging parenting behaviour and childhood anxiety disorders', Journal of Affective Disorders, 190, 2016, pp. 784–91.

第 17 章

1. Kennedy, R., 'Children spend half the time playing outside in comparison to their parents', Child in the City, 15 January 2018.
2. www.parentingideas.com.au/schools/insight/role-parents-screen-time/ (only members can access this article)
3. Twohig-Bennett, C. & Jones, A., 'The health benefits of the great outdoors: A systematic review and meta-analysis of greenspace exposure and health outcomes', Environmental Research, 166, 2018, pp. 628–37.

第 18 章

1. Harris, R., The Happiness Trap: Stop struggling, start living (Exisle Publishing: Wollombi, NSW), 2007, p. 169.
2. Ibid., p. 171.
3 Some of these are included in our Parenting Anxious Kids online course available at www.parentingideas.com.au/product/parenting-anxious-kidsonline-course.

第 19 章

1. Australian Bureau of Statistics, 'General Social Survey: Summary Results, Australia, 2014', 2015.

第 20 章

1. Benard, B., Resiliency: What we have learned (WestEd: San Francisco), 2004, p. 10.

第 21 章

1. Ungar, M. P. D., 'Finding a great therapist for your child', Psychology Today, 5 November 2010.

第 22 章

1. James, A. C., James, G., Cowdrey, F. A., Soler, A. & Choke, A., 'Cognitive behavioural therapy for anxiety disorders in children and adolescents', Cochrane Database of Systematic Reviews (2), 2015.
2. Beck, J. S., Cognitive Behavior Therapy: Basics and beyond, 2nd Edition (Guilford Press: New York), 2011.
3. 'Examples of fear ladders' adapted from Anxiety Canada, n.d.
4. Ipser, J. C., Stein, D. J., Hawkridge, S. & Hoppe, L., 'Pharmacotherapy for anxiety disorders in children and adolescents', Cochrane Database of Systematic Reviews (3), 2009.
5. Creswell, C., Waite, P. & Cooper, P. J., 'Assessment and management of anxiety disorders in children and adolescents', Archives of Disease in Childhood, 99(7), 2014, pp. 674–8.
6. Eifert, G. H. & Forsyth, J. P., Acceptance & Commitment Therapy for Anxiety Disorders: A practitioner's treatment guide to using mindfulness, acceptance, and values-based behavior change strategies (New Harbinger Publications: Oakland, CA), 2005.
7. Ibid.
8. Ibid.

第 23 章

1. Asthana, A. & Boycott-Owen, M., '"Epidemic of stress" blamed for 3,750 teachers on long-term sick leave', The Guardian, 11 January 2018.
2. Walker, T., 'How many teachers are highly stressed? Maybe more than people think', neaToday, 11 May 2018.

練習不焦慮的生活：
讓孩子的焦慮特質轉化成韌性與人生的力量

Anxious Kids:
How Children Can Turn Their Anxiety Into Resilience

作　　者　麥可・葛羅斯、裘蒂・李察森博士（Michael Grose & Dr. Jodi Richardson）
譯　　者　林虹瑜
行銷企畫　劉妍伶
執行編輯　陳希林
封面設計　陳文德
內文構成　陳佩娟

發 行 人　王榮文
出版發行　遠流出版事業股份有限公司
地　　址　104005臺北市中山區中山北路1段11號13樓
客服電話　02-2571-0297
傳　　真　02-2571-0197
郵　　撥　0189456-1
著作權顧問　蕭雄淋律師

2022年02月01日 初版一刷
定價 新台幣380元（如有缺頁或破損，請寄回更換）

ISBN　978-957-32-9402-3
遠流博識網　http://www.ylib.com
E-mail: ylib@ylib.com

圖書館出版品預行編目(CIP)資料

練習不焦慮的生活：讓孩子的焦慮特質轉化成韌性與人生的力量/麥可.葛羅斯(Michael Grose), 裘蒂.李察森(Jodi Richardson)作；林虹瑜譯.
-- 初版. -- 臺北市：遠流出版事業股份有限公司, 2022.02
面；　公分

譯自：Anxious kids : how children can turn their anxiety into resilience.
ISBN：978-957-32-9402-3（平裝）

1.親職教育 2.兒童心理學 3.焦慮症

528.2　　110021688